単元構想が**1**枚で隈なくわかる

小学校新学習指導要領

社会科の授業デザイン図

社会科授業デザイン研究会 著

明治図書

はじめに

「社会科の授業は難しい…」
「社会科の授業は準備が大変…」
そんな声をよく耳にします。
同僚からも,「社会科の授業のやり方がよくわからない」と相談を受けることがあります。

アンケート結果を見てみると,「社会科が好きである」「社会科が楽しい」と答えている児童は,他教科に比べて低い傾向にあります。

社会科を専門教科とし,研究している者として,これらのことに課題を感じています。これからの予測不可能な社会を生き抜く子どもたちが学ぶ大切な社会科は,本当にこれでよいのでしょうか。

もちろん,そんな危機感を覚えて,熱心に社会科の研究に取り組んでいる先生方はたくさんいます。夜遅くまで,議論を重ねながら指導案検討やこれからの社会科教育について検討・研究を進めているのです。

私自身も研究授業の指導案検討会によく行きます。指導案検討会に行くと,いつも同じことを感じます。それは,効率よく検討が進んでいないということです。もちろん,時間をたっぷり使って検討するのも大切なことだと思います。しかしながら,時間には限りがあります。夜遅くまで検討するのは,本当によいことなのでしょうか。明日の授業への影響はないのでしょうか。心身ともに疲れ切っている状態で,本当によい授業,よい仕事はできるのでしょうか。「働き方改革」が叫ばれている今,このままでよいのでしょうか。

また,今春からは,新しい学習指導要領に基づく授業がスタートします。社会科では,新しく加わる学習内容もあります。きっと,どのように指導すればよいのか悩んでいる先生方も少なくないと思います。新しい学習内容の教材研究をしたいけれど,時間的ゆとりがない状態だと思います。

このままでは,ますます,社会科教育を負担に感じる先生方が増えてしまいます。そんな状態では,当然,社会科好きな子どもたちも育ちません。これからの予測不可能な社会を生き抜く子どもたちのために,何かできることはないのでしょうか。

こういった問題意識から，私たちのプロジェクトが始まりました。私たちが実現したかったのは，以下の4点です。

❶社会科を専門としていない先生や経験年数が少ない先生にもわかりやすいこと
❷少しでも教材研究の負担を減らし，時間的なゆとりをもてるようにすること
❸新しく加わった学習内容の授業イメージをもてるようにすること
❹効率よく学習指導案を書けるようにすること

そして，私たちが検討を重ねた末に考えたのが，従来の複数ページにまたがる学習指導計画（単元計画）に替わる「授業デザイン図」です。

「授業デザイン図」には，以下のような特長があります。

❶単元全体の構造が1枚にまとまっている
❷「学習問題」と「学習問題に対する自分の考え」が明確になっている
❸「資料」「問い」「児童の予想やまとめ」が明確になっている

1枚にまとまっていると，短時間で単元全体の構成を理解できます。学習指導案を検討する際も，ページを超えて考える手間が省けます。また，学習指導案を修正する際にも，ミスが減ります。「学習問題」「学習問題に対する自分の考え」「資料」「問い」「児童の予想やまとめ」については，それぞれ一例としての記載ですが，授業のイメージがもちやすくなります。

本書で紹介している「授業デザイン図」は，学習指導要領とその解説を基に作成しています。これらを加工して，ご自身の学級の実態に合わせてアレンジして使うことも，ぜひ検討していただきたいと思います。また，時間に余裕がある方は，ご自身で，この「授業デザイン図」を作成することをおすすめします。私たちも，この「授業デザイン図」がゴールではなく，これからも検討を重ねながら，さらによりよいものをつくっていきたいと考えています。そして，社会科指導を苦手と感じる先生方が少しでも減り，社会科好きな子どもたちが増えることを期待しています。

本書の出版に当たり，このような機会を与えていただき，たくさんのご助言をいただいた明治図書出版の矢口郁雄氏，また，一緒に社会科の研究をし続けている平成29年度東京都教育研究員小学校社会部会の仲間，そして，世田谷区立烏山北小学校，八王子市立第五小学校の先生方に，この場をお借りして深く感謝申し上げます。

2020年1月

名取　慶

CONTENTS
もくじ

Chapter2
第４学年の授業デザイン例

Chapter3
第5学年の授業デザイン例

Chapter4
第6学年の授業デザイン例

Chapter0
授業をデザインしてみよう

1 授業をデザインするとは

　私たち教師は，日々の授業を行うときに，様々な準備をします。一般的には「教材研究」などと言われますが，私たちは「授業をデザインする」と呼んでいます。単元全体の構想を練り，１時間１時間の授業のイメージづくりをすることが大切だと考えているからです。

　では，どのように授業をデザインすればよいのでしょうか。授業のデザインの仕方を以下のように整理してみました。

❶学習指導要領と解説を読み，学習内容や学習方法，主な問いなどを理解する。

❷単元の学習を終えたときに児童に書いてほしい「自分の考え」を設定する。

❸「自分の考え」を導き出す学習問題を設定する。

❹学習問題をつくるために必要な資料を選定する。

❺学習問題に対する予想を設定する。

❻予想を確かめるための各時間の「問い」を設定する。

❼「問い」に対する「まとめ」を設定する。

2 「授業デザイン図」の具体像

基本の3つの学習段階
「つかむ」➡「調べ・考える」➡「まとめる」

オリエンテーション
2020年から完全実施される新しい学習指導要領では，概観を捉えてから具体を調べるという単元構成になっている。そのため，概観を捉える時間として「オリエンテーション」を設定。授業時数の関係で，事例を選択する単元を中心に設定した。

❶資料
「つかむ」段階では，学習問題をつくるために必要な資料，「調べ・考える」段階では，各時間の問いを調べるために必要な資料を設定。

❺まとめ
各時間に設定された問いに対するまとめ。児童の言葉で教師が用意をしておくことで，授業中，焦らなくなる。

❷学習問題
「授業デザイン図」に1つ，単元を貫く学習問題を設定。

❸予想
学習問題に対する予想を設定。予想したことが合っているか，各時間に調べ・考えていくことになる。

❹問い
予想を基に，1時間ごとに児童が考えるであろう問いを設定。この問いが問題解決的な学習でとても重要。

❻自分の考え
各時間のまとめを，思考（比較・関連，総合）した，学習問題に対する自分の考えを設定。児童の言葉で用意することで，指導がしやすくなる。

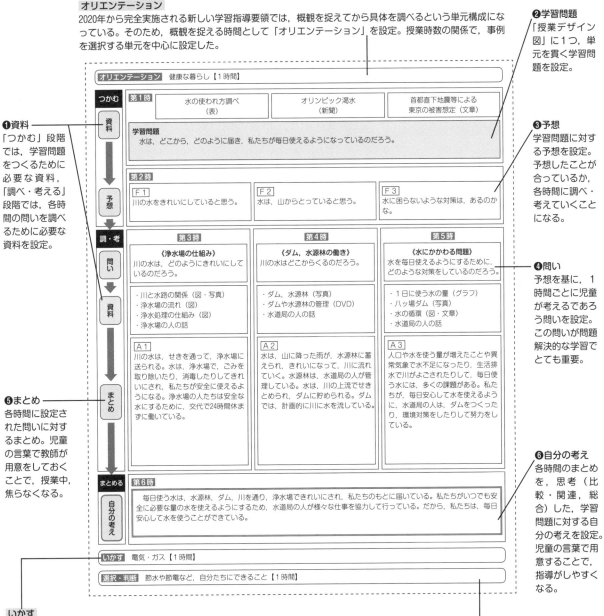

オリエンテーション　健康な暮らし【1時間】

つかむ

第1時
- 資料
  - 水の使われ方調べ（表）
  - オリンピック渇水（新聞）
  - 首都直下地震等による東京の被害想定（文章）

学習問題
水は，どこから，どのように届き，私たちが毎日使えるようになっているのだろう。

第2時
- 予想
  - F1　川の水をきれいにしていると思う。
  - F2　水は，山からとっていると思う。
  - F3　水に困らないような対策は，あるのかな。

第3時　問い
《浄水場の仕組み》
川の水は，どのようにきれいにしているのだろう。
- 資料
  - ・川と水路の関係（図・写真）
  - ・浄水場の流れ（図）
  - ・浄水処理の仕組み（図）
  - ・浄水場の人の話
- A1　川の水は，せきを通って，浄水場に送られる。水は，浄水場で，ごみを取り除いたり，消毒したりしてきれいにされ，私たちが安全に使えるようになる。浄水場の人たちは安全な水にするために，交代で24時間休まずに働いている。

第4時
《ダム，水源林の働き》
川の水はどこからくるのだろう。
- ・ダム，水源林（写真）
- ・ダムや水源林の管理（DVD）
- ・水道局の人の話
- A2　水は，山に降った雨が，水源林に蓄えられ，きれいになって，川に流れていく。水源林は，水道局の人が管理している。水は，川の上流でせきとめられ，ダムに貯められる。ダムでは，計画的に川に水を流している。

第5時
《水にかかわる問題》
水を毎日使えるようにするために，どのような対策をしているのだろう。
- ・1日に使う水の量（グラフ）
- ・八ッ場ダム（写真）
- ・水の循環（図・文章）
- ・水道局の人の話
- A3　人口や水を使う量が増えたことや異常気象で水不足になったり，生活排水で川がよごされたりして，毎日使う水には，多くの課題がある。私たちが，毎日安心して水を使えるように，水道局の人は，ダムをつくったり，環境対策をしたりして努力をしている。

まとめる

第6時　自分の考え
毎日使う水は，水源林，ダム，川を通り，浄水場できれいにされ，私たちのもとに届いている。私たちがいつでも安全に必要な量の水を使えるようにするため，水道局の人が様々な仕事を協力して行っている。だから，私たちは，毎日安心して水を使うことができている。

いかす　電気・ガス【1時間】

選択・判断　節水や節電など，自分たちにできること【1時間】

いかす
今まで「飲料水」の学習をして，「電気」，「ガス」の学習はやらない学校が多くあった。もちろん，選択なので問題はないし，新しい学習指導要領にも「飲料水，電気，ガスの中から選択して取り上げること」と明記されている。
しかし，「飲料水」だけを学習しても，学習指導要領に書かれている概念的な知識の獲得にはなかなかつながらず難しさを感じていた。そこで，選択していない事例等を1時間程度学習する「いかす」段階を設定。既習を生かすことは，カリキュラム・マネジメントの視点でもあると思われる。

選択・判断
自分たちにできることを考える時間として設定。学習したことを生かして，個人で考える方法もあれば，クラスで議論して1つの考えをつくっていく方法もある。

3 「授業デザイン図」の活用について

「授業デザイン図」は，次の3つの段階で活用することができます。

1	授業を デザインするとき	教師が単元全体を見渡すことができ，児童の思考の流れをイメージできます。学習内容の漏れも防げます。
2	授業を やっているとき	単元の流れを具体的にイメージしながら授業をすることができます。今現在の児童の思考と比べることができます。場合によっては，修正を加えながら授業を進めることができます。
3	授業を 振り返るとき	「授業デザイン図」と児童の思考を比べながら評価することができます。また，授業の振り返りにも有効です。

4 年間指導計画について

本書の年間指導計画の特色は，以下の通りです。

1 学習指導要領と解説を基に，それぞれの単元の特色に応じて，「オリエンテーション」「いかす」「選択・判断」「深める」を設定しています。

2 すべての単元で問題解決的な学習をするのではなく，「調べ・考える」段階だけの単元もあります。主に知識をしっかり習得させたい単元や6年生の歴史の文化の単元です。

3 これからどんな学習が始まるのか，どんなふうに学習していくのか，ノートの書き方などを指導する「学年のはじまり」，1年間どんな学習をしたのか振り返る「学年のまとめ」を全学年に1時間ずつ設定しました。「学年のはじまり」では，「学習ガイド」などを作成して配付すると，これからの学びが深まります。また，「学年のまとめ」では学習内容と学び方について振り返りたいです。学習指導要領の解説の各学年の最後の部分に書かれている内容に迫れることが望ましいです。

4 4年生の「県内の特色ある地域」の学習と6年生の「歴史」の学習の最後に「深める」段階を設定しました。「県内の特色ある地域」の学習は，事例地を3つ程度学習します。それぞれを6時間程度学習して，その事例地の特色を学ぶことはできますが，この単元では，それぞれの地域と地域をつないで県内の特色を理解させたいです。そこで，3つの事例地の学習が終わったときに，オリエンテーションで使った県内の地図等を活用して，整理させる時間を設定しました。また，6年生の「歴史」の学習においても，それぞれの内容をつなぎ整理する時間として設定しました。

5 テストの時間として，「確かめる」を設定しました。今まで，どこの学校でもテストを実施しているのに，学習指導案や年間指導計画に書かれているものは，ほとんどありませんでした。年間指導計画と実態を合わせることで，ズレのない年間指導計画になります。

Chapter1
第３学年の授業デザイン例

第3学年の年間指導計画

		単元名			学習過程	学習内容
1		学年のはじまり				学習ガイド，ノートの書き方
2				1	つかむ①	学習問題づくり
3				2	つかむ②	学習計画
4			身近な地域	3	調べ・考える①	学校のまわりの様子
5				4	調べ・考える②	古くから残る建造物
6			【8時間】	5	調べ・考える③	【見学】町探検
7				6	調べ・考える④	（古くから残る建造物など）
8				7	まとめる	学習問題に対する自分の考え
9				8	確かめる	テスト
10	1			1	つかむ①	学習問題づくり（区の位置）
11	私たちの町㉑			2	つかむ②	学習計画
12				3	調べ・考える①	地形（土地の高さ，川）
13				4	調べ・考える②	交通（鉄道，道路）
14			市区町村の様子	5	調べ・考える③	土地利用（区内巡りの計画含む）
15				6	調べ・考える④	公共施設（区役所の働き）
16			世田谷区	7	調べ・考える⑤	【見学】区内巡り
17				8	調べ・考える⑥	（地形，交通，土地利用，公共施設
18			【13時間】	9	調べ・考える⑦	など）
19				10	調べ・考える⑧	＊古くから残る建造物は，身近な地域で学習済
20				11	調べ・考える⑨	区内巡りのまとめ
21				12	まとめる	学習問題に対する自分の考え
22				13	確かめる	テスト
23		オリエンテーション				町の人々の仕事
24	2			1	つかむ①	学習問題づくり（消費者の願い）
25	町の人々のしごと㉑			2	つかむ②	学習計画
26			地域に見られる生産や販売の仕事	3	調べ・考える①	【見学】スーパーマーケット
27				4	調べ・考える②	
28				5	調べ・考える③	売り方の工夫
29			スーパーマーケット	6	調べ・考える④	働く人の工夫
30				7	調べ・考える⑤	品物の輸送
31			【10時間】	8	まとめる	学習問題に対する自分の考え
32				9	いかす	小売店，コンビニエンスストア
33				10	確かめる	テスト
34				1	つかむ①	学習問題づくり

35	地域に見られる 生産や販売の仕事 農家 【10時間】	2	つかむ②	学習計画
36		3	調べ・考える①	産地の分布
37		4	調べ・考える②	仕事の工程
38		5	調べ・考える③	【見学】農家の仕事
39		6	調べ・考える④	
40		7	調べ・考える⑤	見学のまとめ
41		8	まとめる	学習問題に対する自分の考え
42		9	いかす	工場
43		10	確かめる	テスト
44	3 安全な暮らしを守る⑯	オリエンテーション		私たちの安全を守る人や施設
45		地域の安全を守る働き 消防署 【8時間】	1	つかむ①	学習問題づくり
46			2	つかむ②	学習計画
47			3	調べ・考える①	【見学】消防署見学
48			4	調べ・考える②	
49			5	調べ・考える③	緊急時の仕組み
50			6	調べ・考える④	施設・設備の配置
51			7	調べ・考える⑤	地域での取組
52			8	まとめる	学習問題に対する自分の考え
53		地域の安全を守る働き 警察署 【7時間】	1	つかむ	学習問題づくり，学習計画
54			2	調べ・考える①	緊急時の対応
55			3	調べ・考える②	地域の設備
56			4	調べ・考える③	地域の取組
57			5	まとめる	学習問題に対する自分の考え
58			6	選択・判断	地域や自分自身の安全を守るために自分たちにできること
59			7	確かめる	テスト
60	4 市の様子の移り変わり⑩	オリエンテーション		道具の移り変わり
61				
62		区の様子の移り変わり 世田谷区 【8時間】	1	つかむ①	学習問題づくり
63			2	つかむ②	学習計画
64			3	調べ・考える①	土地利用の移り変わり
65			4	調べ・考える②	交通の移り変わり
66			5	調べ・考える③	公共施設の移り変わり
67			6	まとめる	学習問題に対する自分の考え
68			7	選択・判断	これからの区の発展
69			8	確かめる	テスト
70	学年のまとめ			3年生の学習を終えて

1　私たちの町

市区町村の様子
世田谷区

つかむ					
資料	**第1時** 等々力渓谷（写真）	下北沢駅（写真）	世田谷区役所（写真）	寺町（写真）	世田谷区（地図）

学習問題
世田谷区にはどのような場所があり，それぞれどのような様子なのだろう。

予想

第2時

F1 土地が高いところや低いところがあると思う。	F2 京王線や小田急線が走っていると思う。	F3 学校のまわりと同じように家がたくさんあると思う。	F4 いろいろなところに小学校があると思う。

調・考

問い

第3時 《地形》 世田谷区の地形の様子は，どのようになっているのだろう。	**第4時** 《交通》 世田谷区の交通の様子は，どのようになっているのだろう。	**第5時** 《土地利用》 世田谷区の土地利用の様子は，どのようになっているのだろう。	**第6時** 《公共施設》 世田谷区には，どのような公共施設があるのだろう。
資料 ・世田谷区の地形（地図） ・多摩川（写真）	・世田谷区の交通（地図） ・京王線（写真） ・環状八号線（写真）	・世田谷区の土地利用（地図） ・商店街（写真） ・ぶどう畑（写真）	・世田谷区の公共施設（地図） ・世田谷区で働く人の話（文書）
まとめ A1 世田谷区には，多摩川という大きな川が流れている。土地の高さは，どこもあまり変わらない。	A2 世田谷区は，京王線や小田急線が走っている。鉄道は，東西を結んでいる。大きな道路が南北と東西を結んでいる。	A3 世田谷区は，住宅がたくさんある。お店もたくさんあり，公園もある。ぶどう畑もある。	A4 世田谷区には，小学校やみんなが使う公共施設がいろいろな場所にある。また，これらの施設は，区役所の人たちが管理し，災害が発生したときのことも考えている。

まとめる

自分の考え

第12時
世田谷区のほとんどは，住宅である。そのため，お店もたくさんある。たくさんの人が住んでいるので，大きな道路や鉄道も多い。みんなが使う公共施設もいろいろな場所にある。学校のまわりと同じようなところもあれば，ちがうところもある。世田谷区にはいろいろな場所がある。

＊第7時〜第10時は社会科見学として設定

＊第11時は社会科見学のまとめとして設定

＊古くから残る建造物は，前小単元「身近な地域」で学習済

調べ・考える

第4時 交通（鉄道，道路）

(1)ねらい

・地図や写真から，世田谷区の交通の様子を理解する。

(2)本時の展開

		【学習形態】 ○学習活動 ・児童の反応	★指導上の留意点 ■資料（種類）
つかむ	① 5分	【全体】 ○本時のめあてを確認する。 世田谷区の交通の様子は，どのようになっているのだろう。 ○「交通」の言葉の意味を知る。 ○本時のめあてに対する予想を話し合う。 ・京王線が走っている。 ・小田急線も走っている。 ・甲州街道がある。 ・中央高速道路もある。	 ■交通（文）
調べ・考える	② 32分	【個別】→【全体】 ○「世田谷区の交通（地図）」や「京王線（写真）」，「環状八号線（写真）」を調べ，世田谷区の交通の様子を理解する。 ・京王線，小田急線などの鉄道も走っている。 ・駅がたくさんある。 ・甲州街道がある。東西を結んでいる。 ・中央自動車道がある。 ・環状八号線は，南北を結んでいる。	■世田谷区の交通（地図） ■京王線（写真） ■環状八号線（写真） ★四方位を使わせる。 ★隣接する区市を押さえる。
まとめる	③ 8分	【個別】→【全体】 ○学習のまとめを書く。 **まとめ** 　世田谷区は，京王線や小田急線が走っている。鉄道は，東西を結んでいる。大きな道路が南北と東西を結んでいる。 ○学習計画から次時のめあてを確認する。	 ★児童に資料の準備の声かけをする。

調べ・考える

第6時 公共施設（区役所の働き）

(1)ねらい

・地図や写真から，世田谷区にある公共施設の様子を理解する。

(2)本時の展開

<table>
<tr><th colspan="2"></th><th>【学習形態】 ○学習活動 ・児童の反応</th><th>★指導上の留意点 ■資料（種類）</th></tr>
<tr><td rowspan="3">つかむ</td><td rowspan="3">①
5分</td><td>【全体】
○本時のめあてを確認する。

世田谷区には，どのような公共施設があるのだろう。

○「公共施設」の言葉の意味を知る。</td><td rowspan="3">

■公共施設（言葉）</td></tr>
<tr><td>○本時のめあてに対する予想を話し合う。
・小学校がいろいろなところにあると思う。
・図書館もいろいろなところにあると思う。
・警察署や消防署もある。
・区役所があると思う。</td></tr>
<tr><td></td></tr>
<tr><td rowspan="2">調べ・考える</td><td rowspan="2">②
32分</td><td>【個別】→【全体】
○「世田谷区の公共施設（地図）」を見て区内の主な公共施設について調べ，白地図に表す。
・小学校がたくさんあるね。
・いろいろな場所に小学校がある。
・図書館もたくさんある。
・警察署や消防署もあるよ。
・区役所は，世田谷区の中心にあるね。</td><td>■世田谷区の公共施設（地図）

★公共施設は，児童に身近な小学校，図書館，警察署，消防署，そして，区役所に絞って学習を進める。</td></tr>
<tr><td>○「区役所で働く人の話」から，世田谷区役所の働きを調べる。
・小学校を直す計画をつくる。
・公園の管理をしている。
・避難場所を考えている。
・防災についての資料をつくる。</td><td>■世田谷区で働く人の話（文章）

★詳しいことは6年生で学習するので，簡単なことだけに絞って学習を進める。

★災害時の働きにもふれる。</td></tr>
<tr><td rowspan="2">まとめる</td><td rowspan="2">③
8分</td><td>【個別】→【全体】
○学習のまとめを書く。

まとめ
　世田谷区には，小学校やみんなが使う公共施設がいろいろな場所にある。また，これらの施設は，区役所の人たちが管理し，災害が発生したときのことも考えている。</td><td></td></tr>
<tr><td>○学習計画から次時のめあてを確認する。</td><td></td></tr>
</table>

(3)板書計画

○／○　市区町村の様子〜世田谷区〜⑥

めあて
世田谷区には，どのような公共しせつがあるのだろう。

まとめ
世田谷区には，小学校やみんなが使う公共しせつがいろいろな場所にある。また，これらのしせつは，区役所の人たちが管理し，災害が発生したときのことも考えている。

予想
・小学校がある ・図書館がある ・けいさつしょがある ・区役所がある

わかったこと
世田谷区の公共施設の図

考えたこと

区役所は，どんなことをするの？
・小学校をつくり直す計画をつくる　　・ひなん場所を考える
・公園の管理　　　　　　　　　　　　・防災についての資料

＼実践者からのメッセージ／

区役所の働き

　本実践では，新しく学習内容に加わった「区役所の働き」について調べ・考える時間です。３年生の学習なので，見学学習が望ましく，実際に見学に行き，区役所の方からお話を聞く機会を設けることで，児童の意欲はかなり高まっていきます。また，見学に行くのが難しい場合は，ゲストティーチャーとして区役所で働く人をお呼びして学習を進める方法も考えられます。区役所が遠い場合は，出張所や区民センターの方との交流学習も考えられます。

　しかし，内容が難しいため，45分間「区役所の働き」をやるのではなく，公共施設の様子を調べる中に位置づけ，６年生の議会や税金の学習との違いを教師が理解することが大切です。

2　町の人々のしごと

地域に見られる生産や販売の仕事
スーパーマーケット

つかむ		第1時		
資料		買い物調べの結果	スーパーマーケット（写真）	接客の様子（写真）

学習問題
　スーパーマーケットで働く人たちは，お客さんの願いをかなえるために，どのような工夫をしているのだろう。

	第2時		
予想	F1 安売りをしたり，いろいろな種類の商品を用意したりしていると思う。	F2 お客さんに親切にしていると思う。	F3 いろいろな場所から商品を集めて売っていると思う。

調・考

	第5時	第6時	第7時
問い	《売り方の工夫》 スーパーマーケットの中には，どのような工夫があるのだろう。	《働く人の工夫》 スーパーマーケットで働く人は，どのようなサービスをしているのだろう。	《品物の輸送》 商品は，どこからきているのだろう。
資料	・値札（写真） ・陳列棚・倉庫（写真） ・店内表示・駐車場（写真） ・店の人の話（文章）	・品質管理をする人（写真） ・案内をする人（写真） ・店の人の話（文章） ・お客さんの話（インタビュー）	・チラシ（実物） ・産地表示シール・箱（実物） ・産地表示札（写真） ・日本地図・世界地図
まとめ	A1 スーパーマーケットは，安売りをしたり，いろいろな種類の商品を用意したりして商品の並べ方を工夫し，たくさんの人に買ってもらえるようにしている。店の中も看板でわかりやすくしたり，いろいろな施設を用意したりして，お客さんが買い物をしやすいように工夫をしている。	A2 スーパーマーケットで働く人は，商品をチェックして，いつも新鮮な物を売るようにしている。困っている人に声をかけて，買い物を手伝う人もいる。どのお客さんにも安心して買い物をしてもらえるように協力して仕事をしている。	A3 商品は，日本や世界のいろいろな場所から送られてきている。同じ商品でも，ちがう場所からきているものもある。商品を通じて，いろいろな場所とつながっている。

まとめる

	第8時
自分の考え	スーパーマーケットでは，売り場や店の人の仕事にたくさんの工夫があった。商品の並べ方や店の施設を工夫して，お客さんが買い物をしやすいようにしていた。店の人は，いろいろな場所から新鮮な品物を用意し，商品をチェックしたり，買い物を手伝ったりしていた。どのお客さんにも安心して買い物をしてもらえるように，協力して仕事をしていることがわかった。

いかす　小売店，コンビニエンスストア【1時間】

＊第3・4時は，スーパーマーケット見学

調べ・考える

第6時 働く人の工夫

(1)ねらい

・スーパーマーケットで働く人は，消費者の願いを踏まえ，売り上げを高めるよう努力していることを理解する。

(2)本時の展開

		【学習形態】 ○学習活動 ・児童の反応	★指導上の留意点 ■資料（種類）
つかむ	1 5分	【全体】 ○本時のめあてを確認する。 スーパーマーケットで働く人は，どのようなサービスをしているのだろう。	
調べ・考える	2 25分	【個別】→【グループ】→【全体】 ○スーパーマーケットで働く人は，どのようなサービスをしているか，見学メモを整理し，発表する。 ・品物をチェックしていた。 ・商品を探している人に声をかけていた。 ・お客さんの希望に応えていた。 ○お客さんの気持ちを知る。 ・新鮮な物がほしい。 ・親切にしてもらえるとうれしい。 ・安心して買い物ができることが大切。	■品質管理をする人（写真） ■案内をする人（写真） ■店の人の話（文章） ■お客さんの話（インタビュー） ★お客さんの話として消費者の思いを入れることで，スーパーマーケットで働く人が消費者の願いに応えていることに気づけるようにする。
まとめる	3 15分	【個別】 ○学習のまとめを書く。 まとめ 　スーパーマーケットで働く人は，商品をチェックして，いつも新鮮な物を売るようにしている。困っている人に声をかけて，買い物を手伝う人もいる。どのお客さんにも安心して買い物をしてもらえるように協力して仕事をしている。 ○スーパーマーケットには，たくさんの商品が売られていたことを思い出し，次時のめあてを話し合う。	★「スーパーマーケットで働く人は，」と書き出しを統一することで，販売者の視点からまとめを書けるように促す。 ★終末に商品の産地にふれ，次時につながるようにする。

まとめる

第8時 学習問題に対する自分の考え

(1)ねらい

・スーパーマーケットで，働く人の様子や販売の工夫を考え，表現する。

(2)本時の展開

		【学習形態】 ○学習活動　・児童の反応	★指導上の留意点　■資料（種類）
つかむ	① 5分	【全体】 ○本時のめあてを確認する。 オリジナルのおすすめポスターをつくろう。 ○学習問題を確認する。 ○調べてきたことを振り返る。 ・買い物しやすいように，売り場の工夫をしている。 ・安心して買い物できるように，協力して仕事をしている。 ・商品は，いろいろな場所から送られてきている。	★ポスターを作成することで，学習問題を解決しようという意欲を高める。 ■一単位時間ごとの学習のまとめ（文章） ★調べてきたことを振り返るために，一単位時間ごとのまとめを，学習した順に貼る。
考える	② 15分	【個別】 ○一単位時間ごとのまとめのミニカードをレイアウトし，画用紙に貼る。 ○キャッチフレーズを書いたり，イラストを描いたりする。 【グループ】 ○作品を見せ合う。	★一単位時間ごとに最後に書いておいたミニカードを工夫してレイアウトする。 ★吹き出し等で消費者の視点も入れるよう助言する。
まとめる	③ 25分	【個別】→【全体】 ○学習問題に対する自分の考えを書く。 --- **学習問題に対する自分の考え** 　スーパーマーケットでは，売り場や店の人の仕事にたくさんの工夫があった。商品の並べ方や店の施設を工夫して，お客さんが買い物をしやすいようにしていた。店の人は，いろいろな場所から新鮮な品物を用意し，商品をチェックしたり，買い物を手伝ったりしていた。どのお客さんにも安心して買い物をしてもらえるように，協力して仕事をしていることがわかった。	★ミニカードを手がかりにして書くよう助言する。

⑶板書計画

〇／〇　地いきに見られる生産や販売の仕事～スーパーマーケット～⑧

| めあて |

| オリジナルのおすすめポスターをつくろう。 |

〈学習問題〉
スーパーマーケットではたらく人たちは，お客さんのねがいをかなえるために，どのようなくふうをしているのだろう。

表　　　　　　　　　　　　　　　　裏

「ここがすごいぞ！
スーパー〇〇」

1位
2位　　3位

学習問題についての考え
スーパーマーケットでは，売り場や店の人の仕事にたくさんのくふうがあった。商品のならべ方や店のしせつをくふうして，お客さんが買い物をしやすいようにしていた。店の人は，いろいろな場所から新せんな品物を用意し，商品をチェックしたり，買い物を手つだったりしていた。どのお客さんにも安心して買い物をしてもらえるように，きょう力して仕事をしていることがわかった。

＼実践者からのメッセージ／

ポスターづくり

　本実践では，学習のまとめとして，ポスターづくりを行いました。まとめの学習で新聞づくりを行う実践は多いですが，児童の発達段階や配当時数を踏まえると，３年の前期では苦戦することも考えられます。

　そこで，
①一単位時間ごとに記事を書く。ノートではなく，吹き出し型などのミニカードに書く。
②まとめの時間はレイアウトと学習問題に対する自分の考えを書くのみにする。
③毎時間のミニカードをレイアウトし，画用紙に貼りつける（空白部分にはキャッチフレーズを書く。適宜イラストをかいてもよい）。

　以上のようにすることで，無理なく授業時間内に作品を完成させることができました。

2 町の人々のしごと

地域に見られる生産や販売の仕事
農家

つかむ	第1時	区内でつくられている野菜 （写真）	畑 （写真）	大根の種，大根 （実物）

資料

学習問題
　農家の人々は，どこでどのような仕事をして野菜をつくっているのだろう。

第2時

予想	F1 区内のいろいろなところで野菜をつくっていると思う。	F2 種をまいたり，水をあげたり，収穫したり，売ったりしていると思う。	F3 畑で野菜をつくっていると思う。

調・考	第3時	第4時	第5〜7時
問い	《産地の分布》 区内のどこでどんな野菜をつくっているのだろう。	《仕事の工程》 農家の人は，どんな仕事をしているのだろう。	《農家の仕事》 農家の人は畑でどのような仕事をしているのだろう。
資料	・野菜生産マップ（図） ・区の担当の人の話（文章）	・野菜づくり（図）	・畑の仕事ごよみ（図） ・畑（写真） ・農家の人の話（文章）
まとめ	A1 農家の人たちは，いろいろなところで，大根やじゃがいもなどの野菜だけでなく，ぶどうやブルーベリーなどの果物や花などもつくっている。	A2 農家の人たちは，土づくりをし，種をまき，水をやったり雑草を抜いたりする。そして，収穫，水で洗ったり箱につめたりして，市場などに出している。畑近くで売ることもある。	A3 農家の人たちは，大きな機械を使ったり，野菜をつくる場所を変えたり，なるべく新鮮なものを届けるように工夫している。つくられた野菜は，給食に出ることもある。

まとめる	第8時

自分の考え	農家の人たちは，区内のいろいろなところで，大根，じゃがいも，ぶどうなどをつくっている。野菜づくりには，土づくり，種まき，水やりや雑草を抜いたりして，新鮮でおいしい野菜をつくっている。つくられた野菜は，水で洗い，市場で出荷されたり，畑近くで売られたり，学校の給食で使われたりして，自分たちも食べている。

いかす	工場【1時間】

2　町の人々のしごと

地域に見られる生産や販売の仕事
工場

つかむ	第1時		
資料	板橋区の工場の特徴 （グラフ）	板橋区の工場の多いところ （地図）	印刷工場の様子 （写真）

学習問題
　工場で働く人は，どのような工夫や努力をして，製品をつくっているのだろう。

予想	第2時		
	F1 たくさんの人がいろいろな仕事をしていると思う。	F2 安心，安全でよい製品をつくるために，工場で取り組んでいることがあると思う。	F3 つくられた製品は板橋区だけでなく，他の地域にも行っていると思う。

調・考	第3時	第4・5・6時	第7時
問い	**《仕事の工程》** 工場では，どのようにして本をつくっているのだろう。	**《工場見学》** 工場では，どのような工夫や努力がなされているのだろう。	**《他地域とのつながり》** 工場は他の地域とどのようにつながっているのだろう。
資料	・製造工程（写真） ・工場の人の話（文）	・地域の工場（見学） ・工場で働く人たちへのインタビュー ・工場のパンフレット	・工場のパンフレット ・他地域とのつながりを示す図 ・日本地図 ・世界地図
まとめ	A1 工場では，たくさんの人が仕事を分担して，製品をつくっている。決められた人が，決められた場所で仕事をすることで，ミスを減らし，よい製品をつくることができる。	A2 工場では安全に仕事ができるように，服装や働く場所についていろいろな工夫がされている。ミスがないように，機械だけでなく，人の目で確認をしながら製品をつくっている。	A3 工場でつくられた製品は，トラックや電車，飛行機などで，国内や海外に出荷されている。

まとめる	第8時
自分の考え	工場で働く人たちは，分担をしながらていねいに仕事をし，お客さんに喜んでもらえる製品づくりに取り組んでいる。その製品は，区内や日本だけでなく，海外にも出荷されている。安全や環境に気をつけたり，よりよい製品をつくるために研究したりして，いろいろな努力や工夫をしている。

いかす　農家【1時間】

3 安全な暮らしを守る

地域の安全を守る働き
消防署

【オリエンテーション】 私たちの安全を守る人や施設【1時間】

つかむ

資料

第1時

火災現場 （絵または写真）	地域の火災の件数 （グラフ）	地域の火災の原因 （グラフ）

学習問題
　火事から人々の安全を守るために，どのような人たちがどのようなことをしているのだろう。

予想

第2時

F1
消防署の人たちは早く火を消す練習をしていると思う。

F2
消防車が早く到着する秘密があると思う。

F3
学校や地域の公園にも火を消す道具があると思う。

F4
地域の人も何か協力をしていると思う。

調・考

問い

第3・4時	**第5時**	**第6時**	**第7時**
《消防署見学》 消防署の人たちはどのような仕事をしているのだろう。	《緊急時の仕組み》 119番の電話はどこにつながり，どのように駆けつけるのだろう。	《施設・設備の配置》 学校や地域には，どのような施設があるのだろう。	《地域での取組》 地域では消火・消防のためにどんなことをしているのだろう。

資料

・消防署の1日の仕事 ・出場までの様子 ・消防署の人の話 （見学に行く）	・火事が起きたときの連絡の仕組み（図） ・出場の仕組み（図） ・消防署の人の話	・消火・防火の設備の写真 ・副校長先生の話 （見学に行く）	・消防団（写真） ・消防団の人の話 ・町内会の防火の取組の様子（文章）

まとめ

A1 消防署で働く人たちは1秒でも早く火を消すために工夫をしたり訓練をしたりしている。また，日頃から火事が起きないように，地域の人たちに呼びかけている。	**A2** 119番通報は災害救急情報センターにつながる。そこから近くの消防署や電気・ガスの会社，警察などに連絡が届く仕組みになっている。これは，正確な情報で1秒でも早く現場に駆けつけるための仕組み。	**A3** 学校ではいつ，どこで火事が起きても安全を守ることができるように計画的に消防設備をおいている。	**A4** 火事から暮らしを守るために，地域の人たちも消防署の人と協力をして消防訓練をしたり，火の用心の呼びかけをしたりしている。

まとめる

自分の考え

第8時

　火事から私たちの安全を守るために消防署の人たちは1秒でも早く消火活動ができるように日頃から訓練をしたり工夫をしたりしている。また，地域の人たちは火事が起こらないように消防署と協力をして防火の呼びかけをしたり，訓練をしたりしている。このように，消防署などの関係機関と地域の人が協力して自分たちの町を火事から守ろうと努力している。

つかむ
第1時 学習問題づくり

(1)ねらい

・火災を防ぐ働きに関心をもち，学習問題を見いだし学習の見通しをもつ。

(2)本時の展開

		【学習形態】 ○学習活動 ・児童の反応	★指導上の留意点 ■資料（種類）
つかむ	1 5分	【全体】 ○本時のめあてを確認する。	★火災の写真や映像を見て火災の様子を実感できるようにするとよい。
		火事の資料を見て気づいたことを話し合い，学習問題をつくろう。	
つくる	2 30分	【個別】→【全体】 ○身近な所でも火災が起きていることを知る。 ・私たちの町でもこんなにたくさんの火災が起きている。 ・火事の原因はなんだろう。 ・不注意で火事になってしまうんだね。 ○火災が起こったときの絵を見て，気づいたことを話し合う。 ・たくさんの消防士がいる。 ・消防車がたくさんある。 ・こんなにたくさん，どこから来たのだろう。 ・パトロールカー，救急車も来ている。 ・消防士の他にも警察官がいる。 ・消防士でも警察官でもない人もいる。 ・消防士でない人は何をしているのだろう。 ○疑問を整理して，学習問題をつくる。	■地域（市や区）の火災件数（グラフ） ■地域（市や区）の火災の原因（グラフ） ■火災現場（絵又は写真） ★火災現場で働く人に気づかせる。 ★疑問を出し合い，学習問題づくりにつなげるようにする。 ■通報から消防車到着までの時間 ★通報から短時間で現場に到着することに気づかせ，連絡の流れにも着目できるようにする。
		学習問題 火事から人々の安全を守るために，どのような人たちがどのようなことをしているのだろう。	
まとめる	3 10分	【個別】→【全体】 ○本時の学習を振り返り，次時のめあてを話し合う。 ・警察官はまわりの安全を守っているのかな。 ・救急車の人はけが人を運んでいると思う。	★学習問題に対する予想を話し合い，次時の学習計画づくりにつなげるようにする。

(3)板書計画

○／○　地いきの安全を守る働き〜消防しょ〜①

【めあて】

火事の資料を見て，気づいたことを話し合い，学習問題をつくろう。

| 地いきの火災の件数
（グラフ） | 〈気づいたこと〉 | 火災現場の様子
（絵または写真） | 〈ぎもん〉 |

〈気づいたこと〉
・消防車が多い
・消防士も多い
・けいさつ官がいる
・たくさんの人がいる

火災現場の様子
（絵または写真）

〈ぎもん〉
・けいさつ官は何をしているのだろう。
・消防車はこんなにたくさんどこから来たのだろう。
・消防士でも警察官でもない人は何をしているのだろう。
・すぐに消防車が現場にとうちゃくするのはなぜだろう。

地いきの火災の原因
（グラフ）

〈学習問題〉
　火事から人々の安全を守るために，どのような人たちがどのようなことをしているのだろう。

＼実践者からのメッセージ／

学習問題づくり

　社会科の学習は，小単元のはじめに児童たちが抱いた疑問（問い）を毎時間１つずつ解決しながら進めていきます。「学習問題」は，その疑問をひとまとめにしたもので，学習問題は児童の疑問を集めてつくります。

　本小単元では，火災現場の絵を見ながら，働く人に注目して「この人はだれ？」「何をしている？」「どこから来た？」などの疑問を集めて学習問題をつくるように計画しました。毎時間少しずつ疑問が明らかになり，安全なくらしを守る社会の仕組みがわかってきます。次はどんなことがわかるのか，わくわくしながら学習を進められたら，社会科の学習はとても楽しいものになります。ですから，学習問題をつくる授業では，児童たちから引き出したい疑問をあらかじめ教師が想定し，資料を選んだり，資料の提示の仕方を工夫したりすることが大切です。

調べ・考える

第7時 地域での取組

(1)ねらい

・地域の消防施設，防火施設を調べ，工夫を理解する。

(2)本時の展開

		【学習形態】 ○学習活動 ・児童の反応	★指導上の留意点 ■資料（種類）
つかむ	□1 5分	【全体】 ○本時のめあてを確認する。 地域では消火・消防のためにどんなことをしているのだろう。	
調べ・考える	□2 30分	【個別】 ○地域の消防施設を地図を使って調べる。 ・防災倉庫が公園にある。 ・消火栓がたくさんある。 ・道路にも消火器があるなんて気づかなかった。 ・学校のプールも消火に使われる。 ○消防団の方の活動を聞き，安全を守る取組について調べる。 【消防団の人の話の例】 　消火などの訓練を夜や休みの日にしている。 　火事のときは消防士と協力している。 ○どうして地域の人がこのような活動をしているのか考える。 ・自分たちの住んでいる町を自分で守ろうとしている。 ・火事を防ぐのは自分たちだという考え。	■学区域の地図 　（消火・防火設備記載のもの） ■消火・防火設備（写真） ■消防団の人の話（ゲストティーチャー） 　（無理な場合は文章資料） ★消防士とのちがいを明らかにする。 ★消防署と連携していることをつかませる。 ★自分たちの地域を自分たちで守ることを捉えられるようにする。 ★消防団の方の思いや願いを話してもらうようにする。
まとめる	□3 10分	【個別】→【全体】 ○学習のまとめを書く。 まとめ 　火事から暮らしを守るために，地域の人たちも消防署の人と協力をして消防訓練をしたり，火の用心の呼びかけをしたりしている。 ○学習計画から次時のめあてを確認する。	

3 安全な暮らしを守る

地域の安全を守る働き
警察署

つかむ

資料

第1時		
身近にひそむ危険 （絵）		地域の交通事故発生件数 （グラフ）

学習問題

　私たちが安心して生活できるようにするために，警察や地域の人々はどのような取組をしているのだろう。

予想

F1	F2	F3
事故が起こったときにすぐにかけつけられる秘密があると思う。	事件や事故が起こらないように地域には安全を守る設備があると思う。	地域の人も何か協力していると思う。

調・考

問い

第2時	第3時	第4時
《緊急時の対応》 事故が起きたときにはだれがどのような働きをしているのだろう。	《地域の設備》 地域には私たちの安全を守るためにどのような施設や設備があるのだろう。	《地域の取組》 安全に暮らすために，地域ではどのようなことをしているのだろう。

資料

・110番通報の仕組み（図） ・通信指令センターの人の話 ・警察署の人の話	・ガードレール，カーブミラー，道路の標示（写真） ・学校のまわりの地図 ・警察署の人の話	・通学路の見守りの人，交通安全運動，学校での取組（写真） ・PTAの人の話

まとめ

A1	A2	A3
警察の人は1秒でも早く現場にかけつけるように連絡の仕組みも工夫している。また，警察だけでなく消防署などにも連絡をして協力している。	学校のまわりには，私たちの安全を守るための設備がたくさんある。また，「こども110番の家」など，地域の人たちも協力していることがわかった。また，警察の人は，事件や事故が起こらないように日頃から様々な仕事をしている。	学校や地域の人たちも協力して交通安全を呼びかけたり，児童たちの登下校を見守ったりする活動をしている。これは，自分たちの地域は自分たちでも守ろうという気持ちがあるから。

まとめる

自分の考え

第5時
私たちが安全に生活できるように，警察の人は事件や事故が起きたらすぐにかけつけられるように工夫している。また，事件や事故が起こらないように地域の人たちも協力して日ごろから安全を守る活動をしている。警察の人たちだけでなく，地域の人など多くの人が協力して私たちの地域の安全を守っている。

選択・判断 地域や自分自身の安全を守るために自分たちにできること【1時間】

つかむ

第1時 学習問題づくり，学習計画

(1)ねらい

・警察や地域の人々の働きに関心をもち，それについて調べる学習問題を見いだし学習の見通しをもつ。

(2)本時の展開

<table>
<tr>
<th colspan="2"></th>
<th>【学習形態】 ○学習活動 ・児童の反応</th>
<th>★指導上の留意点 ■資料（種類）</th>
</tr>
<tr>
<td rowspan="2">つかむ</td>
<td>1
5分</td>
<td>【全体】
○本時のめあてを確認する。</td>
<td>★火災以外の危険について想起させる。</td>
</tr>
<tr>
<td colspan="2">資料を見て気づいたことを話し合い，学習問題をつくろう。</td>
</tr>
<tr>
<td rowspan="2">つくる</td>
<td>2
30分</td>
<td>【個人→全体】
○事件や事故が起こり得る場所について，絵を見て気づいたことを話し合う。
・ボールを追いかけて道路に飛び出している。交通事故に合いそうだね。
・暗い道を1人で歩いている子が危ないよ。
○地域の交通事故の発生件数のグラフを見て，気づいたことを話し合う。
・交通事故がだんだん減っているね。
・どうして減っているんだろう。
○事故が減少している理由について考える。
・ガードレールがつくられ事故が減っている。
・警察官が毎日パトロールしてくれているよ。
・学校でも自転車教室をしたから，みんなが交通安全に気をつけるようになったのかな。
○疑問を整理して，学習問題をつくる。</td>
<td>■地域の危険な場所を表した絵
★事故と事件の両面から危険な要素を出し合う。

■地域（市や区）の交通事故の件数
★グラフを読み取る際は，全体の傾向を捉えられるようにする。

★警察などの人の働き，安全を守る設備，地域の取組などに分類し学習計画につなげる。
★学校のまわりの様子や生活経験，消防の学習を基に警察や地域に目を向けられるようにする。</td>
</tr>
<tr>
<td colspan="2">学習問題
　私たちが安心して生活できるようにするために，警察や地域の人々はどのような取組をしているのだろう。</td>
</tr>
<tr>
<td>計画する</td>
<td>3
10分</td>
<td>【個別】 → 【全体】
○予想を整理して学習計画を立てる。
・警察の働き（関係諸機関との連携）
・学校や地域の施設・設備
・地域の働き
○学習計画から次時のめあてを確認する。</td>
<td>★児童に資料の準備の声がけをする。</td>
</tr>
</table>

(3)板書計画

〇／〇　地いきの安全を守る働き～けいさつしょ～①

めあて

資料を見て，気づいたことを話し合い，学習問題をつくろう。

危険な場所を表した絵	地いきの交通事故の発生件数（グラフ）

〈予想〉

・ガードレールがふえた

・パトロールがふえた

・みんなが交通安全に気をつけている

事故が減っている！

せつび

けいさつしょ

地域

〈気づいたこと〉
・とび出しそうな子がいる
・暗い道の１人歩きはあぶない
・自転車の２人乗りがきけん

〈学習問題〉
　わたしたちが安心して生活できるようにするために，けいさつや地いきの人はどのような取組をしているのだろう。

学習計画
1　けいさつしょの仕事
2　安全を守る設備
3　地域の取組

\実践者からのメッセージ/

学習計画

　主体的に学習に取り組むことができるようにするには，児童たちが先の見通しをもって学習しているということがとても大切です。学習計画はその「見通し」であり，学習計画も学習問題と同じように，児童たちとともに立てるようにするとよいでしょう。

　本小単元では，学習問題と学習計画を1時間でつくるようにしました。「計画」というと，とても細かいものを想像するかもしれませんが，児童たちから出た予想を「警察」「地域」「設備」などの大きなまとまりに整理し，どの順番で調べていけばよいか調べる順番を決める程度でも十分に学習の見通しのもてる計画となります。毎時間の授業の終わりに，次は何を調べるのか学習計画を確かめながら学習を進めると，より児童たちは見通しをもって学習に取り組めるようになります。

調べ・考える
第4時 地域の取組

⑴ねらい

・地域の人々の安全を守る取組を調べ，工夫や努力を理解する。

⑵本時の展開

		【学習形態】 ○学習活動 ・児童の反応	★指導上の留意点 ■資料（種類）
つかむ	① 5分	【全体】 ○本時のめあてを確認する。 安全に暮らすために，地域ではどのようなことをしているのだろう。	
調べ・考える	② 30分	【個別】→【全体】 ○安全を守るためにどのような取組がされているか予想する。 ・こども110番の家がたくさんある。 ・通学路に毎朝地域の人が立ってくれている。 ○地域の人の話から，安全を守る取組について調べる。 【地域の人の話の例】 ・警察署と協力して春や秋に交通安全運動をしている。 ・学校とも協力して自転車教室やセーフティ教室を行っている。　等 ○どうして地域の人がこのような活動をしているのか考える。 ・自分たちの住んでいる町を自分で守ろうとしている。	★前時の調査活動で見つけた物を想起しながら予想する。 ■地域の人の話（無理な場合は文章資料） ■活動の様子 ★PTAの交通安全に関する活動や地域での取組についてゲストティーチャーに話をしてもらうようにする。 ゲストティーチャーがかなわない場合は，写真や文章資料をていねいに読み取れるようにする。 ★自分たちの地域を自分たちで守ることを捉えられるようにする。
まとめる	③ 10分	【個別】→【全体】 ○学習のまとめを書く。 まとめ 　学校や地域の人たちも協力して交通安全を呼びかけたり，児童たちの登下校を見守ったりする活動をしている。これは，自分たちの地域は自分たちでも守ろうという気持ちがあるから。 ○学習計画から次時のめあてを確認する。	

4 市の様子の移り変わり

区の様子の移り変わり
世田谷区

つかむ

資料

第1時	
世田谷区の人口の移り変わり （グラフ）	第一小単元のまとめ （図）

学習問題
　世田谷区の様子は，どのように移り変わってきたのだろう。

予想

第2時		
F1 人口が増えたので，畑が住宅に変わったと思う。	F2 人口が増えたので，駅や道路も増えたと思う。	F3 人口が増えたので，学校（公共施設）なども増えたと思う。

調・考

問い

第3時	第4時	第5時
《土地利用の移り変わり》 土地の使われ方は，どのように変わっていったのだろう。	《交通の移り変わり》 交通は，どのように変わっていったのだろう。	《公共施設の移り変わり》 公共施設の様子は，どのように変わっていったのだろう。

資料

・土地の使われ方の変化（地図）	・交通の移り変わり（地図）	・小学校の移り変わり（地図） ・公共施設（年表） ・区役所の方の話（文章）

まとめ

A1 昔は畑や田が多かった。人口が増えたことで，畑や田が減り住宅やお店が増えた。	A2 大正時代は，3つの鉄道が走っていたが，昭和時代のはじめには，今と同じように京王線や小田急線などたくさんの鉄道が走っている。また，1964年の東京オリンピックに合わせて，大きな道路や高速道路もつくられた。	A3 人口が増えたことで，小学校の数も増えた。また，区役所や区民センター，児童館などの公共施設もつくられた。

まとめる

自分の考え

第6時
関東大震災後に，鉄道が増えた世田谷区には，たくさんの人が住むようになった。昭和時代に入ると人口が10万人を超えて世田谷区となり，東側から住宅が増えていった。また，東京オリンピックに合わせて，道路もつくられていった。そして，小学校が増え，区役所，区民センター，児童館などもつくられ，現在は90万人を超えるようになった。

つかむ
第2時 学習計画

⑴ねらい

・学習問題の予想を考え，学習計画を立てる。

⑵本時の展開

<table>
<tr><th colspan="2"></th><th>【学習形態】 ○学習活動 ・児童の反応</th><th>★指導上の留意点 ■資料（種類）</th></tr>
<tr><td rowspan="2">つかむ</td><td rowspan="2">1
5
分</td><td>【全体】
○本時のめあてを確認する。

学習問題の予想を考え，学習計画を立てよう。

○学習問題を確認する。</td><td></td></tr>
<tr><td>学習問題 世田谷区の様子は，どのように移り変わってきたのだろう。</td><td></td></tr>
<tr><td>計画する</td><td>2
40
分</td><td>【全体】
○「世田谷区の人口の移り変わり（グラフ）」から，どのように人口が増えたか知る。
・大正時代は，人口が約4万人だ。
・現在は，人口約90万人だ。
・だんだん増え，昭和時代にすごく増えている。
【全体】
○「第一小単元の白地図」から，現在の世田谷区の様子を思い出す。
・住宅ばかりだ。
・学校の北にはお寺がたくさんある。
・道路や線路が東西や南北に走っている。
・区役所などの公共施設がある。
【個別】→【全体】
○学習問題の予想から，学習計画を立てる。
①人口が増えたので，畑が住宅に変わったと思う。
→第3時 土地利用の移り変わり
②人口が増えて，駅や道路も増えたと思う。
→第4時 交通の移り変わり
③人口が増えて，学校（公共施設）なども増えたと思う。
→第5時 公共施設の移り変わり
【全体】
○学習計画から，次時のめあてを確認する。

土地の使われ方は，どのように変わっていったのだろう。</td><td>■世田谷区の人口の移り変わり（グラフ）

★大正から徐々に年表をめくっていく。

■第一小単元の白地図

★学習計画につながる視点（土地・交通・公共施設）にふれておく。

■第一小単元の白地図

★児童の学習問題に対する予想と学習計画をリンクさせ，主体的な学びができるようにする。

★児童の予想を第一小単元で学習した3つの視点（土地，交通，公共施設）に分類しながら板書する。</td></tr>
</table>

(3)板書計画

○／○　区の様子のうつりかわり～世田谷区～②

めあて

学習問題の予想を考え，学習計画を立てよう。

〈学習問題〉
　世田谷区の様子は，どのようにうつりかわってきたのだろう。

世田谷区の人口の移り変わり
（グラフ）

予想

?→?→　げんざいの住宅地（写真）

・畑がだんだんへった。
・住たくがだんだんふえた。

?→?→　げんざいの鉄道（写真）

・鉄道がだんだんふえた。
・道路もだんだんふえた。

?→?→　げんざいの公共施設（写真）

・小学校は，だんだんふえた。
・図書かんができた。
・児童かんができた。

学習計画　③土地のうつりかわり　　④交通の様子のうつりかわり　　⑤公共しせつのうつりかわり

＼実践者からのメッセージ／

第一小単元との関連

　第３学年の最後の学習でもある本単元は，既習とのつながりがとても大切です。また，第一小単元で学習した「市区町村の様子」を歴史的な見方で学ぶ小単元でもあります。そのため，第一小単元をしっかり学んでいないと，児童の考えに深まりは見られません。また，１学期に学習が終わっているので，忘れている児童もいます。そこで，第一小単元でまとめた白地図などを活用しながら，学習を進めることが効果的です。

　本実践では，人口を中心にして，３つの視点（土地利用の様子，交通の様子，公共施設の様子）で学習を進める設定になっています。これは，市区町村の移り変わりの実態によって検討していただきたいと思います。

　また，道具の移り変わりに関して，１つの学習問題で問題解決的な学習を進めるうえで，児童の思考が整理しにくいということから，オリエンテーションに位置づけています。

調べ・考える
第4時 交通の移り変わり

(1)ねらい

・交通の移り変わりを理解する。

(2)本時の展開

		【学習形態】 ○学習活動 ・児童の反応	★指導上の留意点 ■資料（種類）
つかむ	① 10 分	【全体】 ○本時のめあてを確認する。 　交通は，どのように変わっていったのだろう。 ○現在の世田谷区の交通の様子を確認する。 ・鉄道は８つあった。 ・高速道路もあった。 ・甲州街道や国道246号線など大きい道路もあった。 ○本時のめあてに対する予想を話し合う。 ・鉄道は，だんだん増えたと思う。 ・鉄道は，いっきに増えたと思う。 ・道路も，だんだん増えたと思う。	 ■世田谷区の交通の様子（地図） ★第一小単元で学習したこととつなげるために，既習を思い出させる。 ★交通は，鉄道と道路の２点で学習を進めさせる。
調べ・考える	② 27 分	【個別】→【全体】 ○「交通の移り変わり（地図）」で，主な鉄道と道路の変化を調べ，交通の移り変わりを理解する。 ・鉄道は，大正時代は，３つだけだったが，昭和時代の初めには，ほぼ現在と同じだ。 ・玉電はなくなり，地下鉄になった。 ・東京オリンピックに合わせて，大きな道路や高速道路がつくられた。 ○なぜ，昭和時代の初めには，鉄道がほぼ現在と同じになったのかを考える。 ・乗る人がたくさん増えたから。 ・世田谷区に住む人が増えたから。	■交通の移り変わり（地図） ★地図に興味をもたせるために，現在から大正時代の地図という順番で提示する。 ★人口の移り変わりとのつながりを意識させる。
まとめる	③ 8 分	○学習のまとめを書く。 **まとめ** 　大正時代は，３つの鉄道が走っていたが，昭和時代のはじめには，今と同じように京王線や小田急線などたくさんの鉄道が走っている。また，1964年の東京オリンピックに合わせて，大きな道路や高速道路もつくられた。 ○学習計画から次時のめあてを確認する。	 ★児童に資料の準備の声がけをする。

調べ・考える

第5時 公共施設の移り変わり

⑴ねらい

・世田谷区の公共施設の移り変わりを理解する。

⑵本時の展開

		【学習形態】 ○学習活動 ・児童の反応	★指導上の留意点 ■資料（種類）
つかむ	① 10分	【全体】 ○本時のめあてを確認する。 　　公共施設の様子は，どのように変わっていったのだろう。 ○現在の世田谷区の公共施設の様子を確認する。 ・小学校がたくさんある。 ・区役所が区の中心にある。 ・図書館は，いろいろなところにある。 ○本時のめあてに対する予想を話し合う。 ・交通と同じように，だんだん増えたと思う。 ・だんだん小学校が増えたと思う。 ・なくなった小学校もあったみたい。	 ■世田谷区の公共施設の様子（地図） ★第一小単元で学習したこととつなげるために，既習を思い出させる。
調べ・考える	② 27分	【個別】→【全体】 ○「小学校の移り変わり（地図）」を見て，大正時代と昭和時代（戦争が終わった頃）の小学校の数を調べ，公共施設の移り変わりを理解する。 ・大正時代は，○校だ。 ・昭和時代は36校だ。 ・東側から小学校が増えていった。 ○なぜ，東側から小学校（公共施設）が増えていったのかを考える。 ・住宅が多いところからつくられたから。 ・人口が増え，利用する人たちが増えたから。 ・区民センターや図書館なども，現在は近くにたくさんある。	■小学校の移り変わり（地図） ■公共施設（年表） ■第一小単元の白地図 ★人口の移り変わりとのつながりを意識させる。
まとめる	③ 8分	○学習のまとめを書く。 **まとめ** 　人口が増えたことで，小学校の数も増えた。また，区役所や区民センター，児童館などの公共施設もつくられた。 ○学習計画から次時のめあてを確認する。	

Chapter2
第４学年の授業デザイン例

第4学年の年間指導計画

	単元名			学習過程	学習内容
1	学年のはじまり				学習ガイド，ノートの書き方
2		オリエンテーション			47都道府県，東京都の位置
3	1 都道府県の様子 ⑧	都道府県の様子 東京都 【7時間】	1	つかむ①	学習問題づくり
4			2	つかむ②	学習計画
5			3	調べ・考える①	地形（土地の高さ，川）＆市区町村
6			4	調べ・考える②	交通（鉄道，道路）＆市区町村
7			5	調べ・考える③	土地利用・産業
8			6	まとめる	学習問題に対する自分の考え
9			7	確かめる	テスト
10	2 住みよい暮らし ㉒	オリエンテーション			健康な暮らし
11		人々の健康や 生活環境を支える事業 飲料水 【9時間】	1	つかむ①	学習問題づくり
12			2	つかむ②	学習計画
13			3	調べ・考える①	浄水場の仕組み
14			4	調べ・考える②	ダム，水源林の働き
15			5	調べ・考える③	水にかかわる問題
16			6	まとめる	学習問題に対する自分の考え
17			7	いかす	電気，ガス
18			8	選択・判断	節水や節電など，自分たちにできること
19			9	確かめる	テスト
20		人々の健康や 生活環境を支える事業 廃棄物 【12時間】	1	つかむ①	学習問題づくり
21			2	つかむ②	学習計画
22			3	調べ・考える①	分別や収集のきまり
23			4	調べ・考える②	清掃工場の仕組み 【見学】清掃工場
24			5	調べ・考える③	
25			6	調べ・考える④	

26			7	調べ・考える⑤	処分場の仕組み
27			8	調べ・考える⑥	リサイクル
28			9	まとめる	学習問題に対する自分の考え
29			10	いかす	下水
30			11	選択・判断	これからも健康に暮らしていくために自分たちにできること
31			12	確かめる	テスト
32		オリエンテーション			東京都の自然災害
33	3 自然災害⑪	自然災害から 人々を守る活動 風水害 【10時間】	1	つかむ①	学習問題づくり
34			2	つかむ②	学習計画
35			3	調べ・考える①	対処
36			4	調べ・考える②	都の備え
37			5	調べ・考える③	区の備え
38			6	調べ・考える④	地域の備え
39			7	まとめる	学習問題に対する自分の考え
40			8	いかす	地震・噴火・雪害・津波
41			9	選択・判断	自然災害に対して自分たちにできること
42			10	確かめる	テスト
43	4 県内の伝統や文化、先人の働き⑳	オリエンテーション			東京都の文化財・年中行事，地域の発展に尽くした人
44		都内の伝統や文化 八王子まつり 【10時間】	1	つかむ①	学習問題づくり
45			2	つかむ②	学習計画
46			3	調べ・考える①	起こりや成り立ち
47			4	調べ・考える②	現在に至る経過
48			5	調べ・考える③	おはやしの保存や継承の取組
49			6	調べ・考える④	【GT】保存会の方のお話
50			7	まとめる	学習問題に対する自分の考え
51			8	いかす	東京都の他の文化財，年中行事
52			9	選択・判断	地域の伝統や文化の保存や継承にか

						かわって，自分たちにできること
53				10	確かめる	テスト
54				1	つかむ①	学習問題づくり
55				2	つかむ②	学習計画
56				3	調べ・考える①	玉川兄弟
57		先人の働き		4	調べ・考える②	玉川上水の水路
58		玉川兄弟と玉川上水		5	調べ・考える③	玉川上水の工事
59		【9時間】		6	調べ・考える④	江戸の生活の変化
60				7	まとめる	学習問題に対する自分の考え
61				8	いかす	後藤新平のまちづくり
62				9	確かめる	テスト
63		オリエンテーション				東京都の特色ある地域
64				1	つかむ①	学習問題づくり（位置）
65				2	つかむ②	学習計画
66		都内の特色ある地域		3	調べ・考える①	染小紋の職人
67		地場産業（東京染小紋）		4	調べ・考える②	染小紋の継承
68		【7時間】		5	調べ・考える③	新宿区のまちづくり
69	5			6	まとめる	学習問題に対する自分の考え
70	県内の特色ある地域 ㉘			7	確かめる	テスト
71				1	つかむ①	学習問題づくり
72				2	つかむ②	学習計画
73		都内の特色ある地域		3	調べ・考える①	国際交流の歴史
74		国際交流（八王子市）		4	調べ・考える②	国内での交流①
75		【8時間】		5	調べ・考える③	国内での交流②
76				6	調べ・考える④	海外での交流
77				7	まとめる	学習問題に対する自分の考え
78				8	確かめる	テスト
79				1	つかむ①	学習問題づくり
80				2	つかむ②	学習計画

81	都内の特色ある地域 自然環境（小笠原村） 【10時間】	3	調べ・考える①	固有の動植物
82		4	調べ・考える②	観光業
83		5	調べ・考える③	自然保護
84		6	調べ・考える④	世界自然遺産登録
85		7	まとめる	学習問題に対する自分の考え
86		8	いかす①	伝統的な文化（台東区）
87		9	いかす②	
88		10	確かめる	テスト
89	深める			特色ある地域のまとめ
90	学年のまとめ			4年生の学習を終えて

都道府県の様子
東京都

オリエンテーション　47都道府県，東京都の位置　【1時間】

つかむ

資料

第1時

| 東京都
（地図帳） | 東京都の市区町村
（地図） | 檜原村
（写真） | 小笠原
（写真） |

学習問題
東京都にはどのような場所があり，それぞれどのような様子なのだろう。

予想

第2時

| F1
土地が高いところや低いところ，島があると思う。 | F2
鉄道や道路が東西や南北を結んでいると思う。 | F3
住宅，商店，公共施設などが，いろいろなところにあると思う。 |

調・考

問い

第3時	第4時	第5時
《地形》 東京都の地形の様子は，どのようになっているのだろう。	**《交通》** 東京都の交通の様子は，どのようになっているのだろう。	**《土地利用・産業》** 東京都の土地利用の様子は，どのようになっているのだろう。

資料

| ・東京都の地形（地図）
・山地（写真）
・低地（写真）
・島（写真） | ・東京都の交通（地図）
・路線図（写真）
・新宿駅（写真）
・高速道路（写真） | ・東京都の土地利用（地図）
・住宅地（写真）
・商店（写真）
・畑（写真） |

まとめ

| A1
東京都の土地の高さは，西が高く，東が低い。多摩川や江戸川などの川が流れている。川は，土地が高いところから低いところに流れている。また，島もある。 | A2
東京都には，たくさんの鉄道が走っている。鉄道は，主に都心と郊外を結んでいる。また，大きな道路が南北と東西を結んでいる。西側より，東側の方が，交通の便がよい。 | A3
東京都は，山地には，森林が多く住宅や商店が少ない。また，丘陵地，台地や低地には，住宅や商店が多い。 |

まとめる

自分の考え

第6時

　東京都は，土地が高い西側は，森林が多く住宅や商店が少ない。また，交通の便もあまりよくない。それに対して，東側は，森林はほとんどなく，住宅や商店が多く，交通の便もよい。つまり，土地の高さと土地利用，交通には，つながりがある。

オリエンテーション 47都道府県，東京都の位置

⑴ねらい

・都道府県について調べ興味・関心をもち，東京都の位置を知る。

⑵本時の展開

		【学習形態】 ○学習活動 ・児童の反応	★指導上の留意点 ■資料（種類）
つかむ	① 5分	【全体】 ○「日本地図（地図帳）」を見て，日本は，47の都道府県に分かれていることを知る。 ○本時のめあてを確認する。	■日本地図（地図帳） ★地図帳を使い，地図への興味・関心を高める。
		日本には，どのような都道府県があり，東京はどのあたりだろう。	
調べる	② 35分	【個別】→【全体】 ○「日本地図（地図帳）」から，自分たちが住んでいる東京都を探したり，まわりの都道府県名を調べたりする。 ・東京都は，日本の真ん中くらいだね。 ・東京都の北には，埼玉県があるよ。 ・東京都の東には，千葉県があるよ。 ○「日本地図（地図帳）」から，都・道・府・県がつくのは何個ずつあるか調べる。 ・都がつくのは東京都だけだから１つだよ。 ・県は，43個もあるよ。 ○「日本地図（地図帳）」から，今まで行ったことがある都道府県について話し合う。 ・おじいちゃんが北海道に住んでいるよ。冬は，雪がたくさん降っていたよ。 ・家族旅行で沖縄県に行ったよ。海がとてもきれいだったよ。 ・いとこが千葉県に住んでいるよ。夏になると，海で泳いだりするよ。	■日本地図（地図帳） ★八方位を使って，東京都の位置関係を理解させる。 ■日本地図（地図帳） ■日本地図（地図帳） ★なるべく，たくさんの都道府県に触れられるようにする。 ★都道府県名だけでなく，日本の中の位置や，その都道府県の特徴なども触れるようにする。
まとめる	③ 5分	【個別】→【全体】 ○学習のまとめを書く。	
		まとめ 日本には，47の都道府県があり，雪がたくさん降ったり，海がきれいだったりと様子が違いそうだ。私たちが住んでいる東京都は，日本の真ん中に位置している。	

調べ・考える
第3時 地形の様子

⑴ねらい

・地図や写真から，東京都の地形の様子を理解する。

⑵本時の展開

		【学習形態】 ○学習活動 ・児童の反応	★指導上の留意点 ■資料（種類）
つかむ	1 5分	【全体】 ○本時のめあてを確認する。 東京都の地形の様子は，どのようになっているのだろう。 ○本時のめあてに対する予想を話し合う。 ・土地が高いところや低いところがあると思う。 ・川が流れていると思う。 ・島があると思う。	
調べ・考える	2 32分	【個別】→【全体】 ○「東京都の地形（図）」や「山地（写真）」 「低地（写真）」「島（写真）」を調べ，東京都 の地形の様子を理解する。 ・西側は，土地が高い。山地っていうんだね。 ・土地が少し高いところは，丘陵地っていうん だね。 ・土地が少し高くて平らなところは，台地ってい うんだね。台地が多いね。 ・東側は，土地が低い。低地っていうんだね。 ・多摩川が西から東に流れている。 ・荒川は，北から南に流れている。 ・島があるよ。全部で，11個あるね。	■東京都の地形（図） ■山地（写真） ■低地（写真） ■島（写真） ★土地が高いところから低いところに向かっ て川が流れていることを理解させる。 ★東京都には，島があることを押さえさせる。
まとめる	3 8分	【個別】→【全体】 ○学習のまとめを書く。 **まとめ** 　東京都の土地の高さは，西が高く，東が低い。多摩川や江戸川などの川が流れている。 川は，土地が高いところから低いところに流れている。また，島もある。 ○学習計画から次時のめあてを確認する。	★児童に資料の準備の声かけをする。

⑶板書計画

○／○　都道府県の様子〜東京都〜③

めあて

　東京都の地形の様子は，どのようになっているのだろう。

まとめ

　東京都の土地の高さは，西が高く，東が低い。多摩川（たまがわ）や江戸川（えどがわ）などの川が流れている。川は，土地が高いところから低いところに流れている。また，島もある。

予想

①土地が高いところや低いところがある。
②川が流れている。
③島がある。

わかったこと

　　　　　　　　東京都の地形図

山地　　　　きゅうりょう地　　　　台地　　　　低地
（高い）◀ーーーーーーーーーーーーーーーーーーーー▶（低い）
川→多摩川，荒川（あらかわ）…高いところから低いところへ流れる

\実践者からのメッセージ/

地図の活用

　新しい学習指導要領において，本単元は，４年生の最初に学習するようになります。そのことによって，東京都の概観を理解したうえで，他の単元が学習できるようになりました。つまり，本単元は，東京都に関する地形や交通，土地利用，産業についての知識を習得させる大切な役割があります。

　そのためにも，ぜひ地図を活用して学習を進めたいものです。地図帳はもちろん，東京都の地形や交通，土地利用に関する地図を中心に学習を進め，子どもがたくさん地図に触れられるようにします。地図の活用は，社会科学習で大切なことの１つです。

　また，47都道府県については，本単元だけで習得するのは難しく，繰り返し学習することが大切です。必要に応じて，都道府県検定などを実施して，小学校卒業するまでに，すべての都道府県名と位置を確実に身につけさせたいところです。

2 住みよい暮らし

人々の健康や生活環境を支える事業
飲料水

オリエンテーション 健康な暮らし【1時間】

つかむ

資料

第1時		
水の使われ方調べ（表）	オリンピック渇水（新聞）	首都直下地震等による東京の被害想定（文章）

学習問題

　水は，どこから，どのように届き，私たちが毎日使えるようになっているのだろう。

予想

第2時

F1	F2	F3
川の水をきれいにしていると思う。	水は，山からとっていると思う。	水に困らないような対策は，あるのかな。

調・考

問い

第3時	第4時	第5時
《浄水場の仕組み》川の水は，どのようにきれいにしているのだろう。	《ダム，水源林の働き》川の水はどこからくるのだろう。	《水にかかわる問題》水を毎日使えるようにするために，どのような対策をしているのだろう。

資料

・川と水路の関係（図・写真） ・浄水場の流れ（図） ・浄水処理の仕組み（図） ・浄水場の人の話	・ダム，水源林（写真） ・ダムや水源林の管理（DVD） ・水道局の人の話	・1日に使う水の量（グラフ） ・八ッ場ダム（写真） ・水の循環（図・文章） ・水道局の人の話

まとめ

A1	A2	A3
川の水は，せきを通って，浄水場に送られる。水は，浄水場で，ごみを取り除いたり，消毒したりしてきれいにされ，私たちが安全に使えるようになる。浄水場の人たちは安全な水にするために，交代で24時間休まずに働いている。	水は，山に降った雨が，水源林に蓄えられ，きれいになって，川に流れていく。水源林は，水道局の人が管理している。水は，川の上流でせきとめられ，ダムに貯められる。ダムでは，計画的に川に水を流している。	人口や水を使う量が増えたことや異常気象で水不足になったり，生活排水で川が汚されたりして，毎日使う水には，多くの課題がある。私たちが，毎日安心して水を使えるように，水道局の人は，ダムをつくったり，環境対策をしたりして努力をしている。

まとめる

自分の考え

第6時

　毎日使う水は，水源林，ダム，川を通り，浄水場できれいにされ，私たちのもとに届いている。私たちがいつでも安全に必要な量の水を使えるようにするため，水道局の人が様々な仕事を協力して行っている。だから，私たちは，毎日安心して水を使うことができている。

いかす 電気・ガス【1時間】

選択・判断 節水や節電など，自分たちにできること【1時間】

---

2 住みよい暮らし

人々の健康や生活環境を支える事業
廃棄物

つかむ		
資料	**第1時**	昔のごみ捨て場の様子（写真） / 今のごみ捨て場の朝の様子（写真） / 今のごみ捨て場の夕方の様子（写真）

学習問題
私たちの出したごみは，どのように処理されるのだろう。

第2時

予想	

F1 ごみは分けて捨てていて，集めに来る人がいると思う。

F2 多くのごみは燃やしていると思う。

F3 ごみは最後は埋めていると思う。

F4 リサイクルされるものもあると思う。

調・考

問い	**第3時**	**第4・5・6時**	**第7時**	**第8時**
	《分別や収集のきまり》	《清掃工場の仕組み》	《処分場の仕組み》	《リサイクル》
	私たちの出したごみは誰がどこへ運んで行くのだろう。	燃やすごみはどこでどのようにしまつされるのだろう。	燃やした後のごみはどのようにしまつされているのだろう。	資源や粗大ごみはどのようにしまつされるのだろう。

資料				
	・東京都のごみの量 ・ごみのゆくえマップ ・ごみの分別表（図） ・清掃事務所の人の話	・清掃工場の仕組み（図又は見学） ・清掃工場の人の話 ・清掃工場の分布図	・昔と今の埋め立て処分場の様子（写真） ・今の埋め立ての仕組み ・処分場の人の話	・リサイクル工場の様子（写真） ・粗大ごみのゆくえ（図） ・清掃事務所の人の話

まとめ				
	A1 たくさんのごみや資源は，ごみの出し方のルールに基づいて私たちが分別して出している。出されたごみは区の清掃事務所の人が種類ごとに収集して，種類ごとに違う場所に運んでいる。	A2 東京都で出されるたくさんのごみは，都内のいくつかの清掃工場で協力して環境に気をつけて安全にしまつしている。また，ごみを燃やした後に出る灰は，再利用されたり埋められたりして，適切に処理されている。	A3 埋め立て処分場では，周囲の環境に気をつけて灰や不燃ごみを埋めている。また，埋め立て処分場には限りがあるため，ごみをなるべく小さくして埋め立てるなど処分場が長く使えるよう計画的にごみを処分している。	A4 資源や粗大ごみは種類ごとに集められてリサイクルされている。これは，ごみを増やさないためと，資源を大切にするためである。

まとめる

自分の考え	**第9時**
	私たちの出したごみや資源は，区の清掃工場の人たちが集めて，東京都の様々な清掃工場やリサイクル工場に運ばれて適切にしまつされている。ごみをしまつする人々は協力して，計画的にごみをしまつしている。なぜなら，ごみを分別して安全にしまつしたりリサイクルしたりすることは，私たちが気持ちよく健康に暮らすためにとても大切なことだからだ。

いかす 下水【1時間】

選択・判断 これからも健康に暮らしていくために自分たちにできること【1時間】

3 自然災害

自然災害から人々を守る活動
風水害

つかむ

資料

第1時

土砂災害や人々の様子 （写真）	大島の自然災害 （文章）	災害発生後の東京都の動き （文章）

学習問題
　風水害から人々を守るために，だれがどのようなことをしているのだろう。

予想

第2時

F1	F2	F3	F4
多くの人たちが協力して助け合ったと思う。	都では，過去の災害を基に，対策を立てていると思う。	区では，被害を減らすために工夫していると思う。	地域の人たちも自分たちにできることをしていると思う。

調・考

問い

資料

まとめ

第3時	第4時	第5時	第6時
《対処》 災害が起きたとき，だれが，どのように救助したのだろう。	《都の備え》 都は，風水害に備え，どのようなことをしているのだろう。	《区の備え》 区は，風水害に備え，どのようなことをしているのだろう。	《地域の備え》 地域は，風水害に備え，どのようなことをしているのだろう。
・大島町長の話 ・対策本部（写真） ・ハイパーレスキュー（写真）	・水害に強いまちづくり（図） ・土砂災害危険個所マップ	・区の防災計画（図） ・ハザードマップ（図） ・災害に関する情報	・土のうステーション ・防災倉庫の様子（写真） ・防災対策長の話
A1 多くの人が集まり，対策本部が設置された。その後，対策本部や都が被害の様子を把握し，ハイパーレスキュー，特殊救助隊，自衛隊が大島に行き，救助した。	A2 都は，土砂災害危険箇所マップを作成したり，土地の様子を調査したり，砂防ダムをつくったりして，風水害への対策をしている。	A3 区は，ハザードマップを作成したり，情報を集めたりして，風水害への対策をしている。	A4 地域は，避難所運営訓練をしたり，防災倉庫をつくったりして，町会長を中心にみんなで協力して，風水害への対策をしている。

まとめる

自分の考え

第7時
　風水害から人々を守るために，災害が起きたときに警察や消防，自衛隊が協力して救助をしている。また，東京都は土砂災害危険箇所マップや土地の調査，区はハザードマップや情報収集，地域は避難所運営訓練や防災倉庫をつくったりしている。つまり，たくさんの人が協力している。

いかす　地震・噴火・雪害・津波【1時間】

選択・判断　自然災害に対して自分たちにできること【1時間】

オリエンテーション 東京都の自然災害

(1)ねらい

・過去に発生した東京都の自然災害の様子を知る。

(2)本時の展開

		【学習形態】 ○学習活動 ・児童の反応	★指導上の留意点 ■資料（種類）
つかむ	１ 5分	【全体】 ○「三宅島の噴火（写真）」を見て，東京都で自然災害が発生していることを知る。 ○本時のめあてを確認する。	■三宅島の噴火（写真） ★意外性を高めるために，あえて，火山災害の写真を見せる。
		今まで東京都では，どのような自然災害が起こっているのか知ろう。	
調べる	２ 35分	【個別】→【全体】 ○「東京都の自然災害（図）」から，過去に東京都では，いろいろな自然災害が発生していることを知る。 ・八王子では，大雨で家が崩れている。 ・大島では，土砂災害で家がつぶれている。 ・地震で，塀が崩れている。 ・竜巻で，電車が止まっている。 ・大雪で，アーケードが崩れている。 ・大雨で，川みたいになっている。 ○「東京都の主な自然災害（年表）」から，大雨や台風による災害が多いことを知る。 ・大雨による災害が多い。 ・台風による災害が多い。 ○「風水害」の言葉の意味を知る。	■東京都の自然災害（図） ■大雨のよる水害（写真） ■大雪によるアーケード崩落（写真） ■地震による塀が崩れた様子（写真） ★どのような場所で自然災害が発生しているのか押さえさせる。 ■東京都の主な自然災害（年表） ★過去に多くの自然災害が発生していることを押さえさせる。
まとめる	３ 5分	【個別】→【全体】 ○学習のまとめを書く。	
		まとめ 　東京都では，いろいろな場所で，地震，風水害，火山災害などが発生している。火山災害は，島だけで発生している。風水害が特に多い。	

調べ・考える

第6時 地域の備え

(1)ねらい

・地域は，風水害に備えて，どのようなことをしているか理解する。

(2)本時の展開

		【学習形態】 ○学習活動 ・児童の反応	★指導上の留意点 ■資料（種類）
つかむ	① 5分	【全体】 ○本時のめあてを確認する。 地域は，風水害に備え，どのようなことをしているのだろう。 ○本時のめあてに対する予想を話し合う。 ・避難計画を考えていると思う。 ・雨が家に入らないようにしていると思う。 ・食べ物や飲み物を用意していると思う。	
調べ・考える	② 32分	【個別】→【全体】 ○「避難所運営訓練（写真）」，「土のうステーション（写真）」，「防災倉庫（写真）」から，どのような対策をしているか知る。 ・避難所の運営の訓練をしている。 ・避難所は，小学校の体育館だ。 ・テレビで見る白い袋は，土のうっていうんだ。 ・土のうで水が入らないようにしているんだ。 ・たくさんの水が倉庫に入っている。 ・教室にも災害のときの水がある。 ○「防災対策長の話」から，なぜ，このような取組をしているか考える。 ・地域の人が安全に暮らせるようにするため。 ・いつでも対策ができるようにしている。	■避難所運営訓練（写真） ■土のうステーション（写真） ■防災倉庫（写真） ★テレビで見た経験を学習に生かすように声がけをする。 ■防災対策長の話
まとめる	③ 8分	【個別】→【全体】 ○学習のまとめを書く。 **まとめ** 　地域は，避難所運営訓練をしたり，防災倉庫をつくったりして，町会長を中心にみんなで協力して，風水害への対策をしている。 ○学習計画から次時のめあてを確認する。	 ★児童に資料の準備の声がけをする。

(3)板書計画

○／○　自然災害（さいがい）から人々を守る活動～風水害～⑤

めあて
地いきは，風水害にそなえ，どのようなことをしているのだろう。

まとめ
地いきは，ひなん所運（うん）えい訓練をしたり，防災（ぼうさい）倉庫（そうこ）をつくったりして，町会長を中心にみんなで協力して，風水害への対さくをしている。

予想
わかったこと

①ひなん計画
・ひなん所の運えい訓練
・場所は，小学校の体育館

②雨が入らない対さく
・テレビで見たことがある
・水のしんにゅうを止める
・白いふくろ＝土のう

③食べ物や飲み物の用意
・水が倉庫にたくさんある
・教室にある水も同じだ

考えたこと

なぜ，このような取組をしているのだろう？
・地いきの人が安全にくらせるため。
・いつでも対さくができるようにしている。

＼実践者からのメッセージ／

事例の選択

　本単元は，５つの自然災害（地震災害，津波災害，風水害，火山災害，雪害）から１つを選択して学習します。学習指導要領の解説には，過去にその都道府県で発生した自然災害から選択するように書かれています。

　また，５年生で学習する内容「⑸ 我が国の国土の自然環境と国民生活との関連」との違いを理解することが大切です。学習指導要領の解説には，「第４学年では，県内などで発生した自然災害を取り上げ，地域の関係機関や人々による自然災害への対処や備えを通して地域社会について理解することに，第５学年では，国土において発生する様々な自然災害を取り上げて，自然災害と国土の自然条件との関連を通して国土の地理的環境を理解する」と書かれています。

　オリエンテーションでは，地図と年表を使って，東京都で過去に発生した自然災害の概観をつかめるように設定しています。

4　県内の伝統や文化，先人の働き

都内の伝統や文化
八王子まつり

| オリエンテーション | 東京都の文化財・年中行事，地域の発展に尽くした先人【1時間】 |

つかむ

資料

第1時

| 八王子まつり（ポスター） | おはやし（写真） | おはやしを守る人（写真） |

学習問題
　祭りやおはやしは，いつ始まり，だれがどのような思いで受け継いでいるのだろう。

予想

第2時

F1
お祭りは地域の人が昔からやっていたと思う。

F2
お祭りは，昔から同じやり方をしていたと思う。

F3
地域の人が昔のことを伝えるために続けていると思う。

調・考

問い

| 第3時 | 第4時 | 第5・6時 |

《起こりや成り立ち》
八王子まつりは，いつ，どのように始まったのだろう。

《現在に至る経過》
八王子まつりは，どのように変わっていったのだろう。

《おはやしの保存や継承の取組》
おはやしは，どのような思いで受け継がれているのだろう。

資料

・まつりの始まり（文章）
・町会長さんの話

・まつりの歴史（年表）
・八王子まつり（写真）
・実行委員長さんの話

・おはやし（動画）
・おはやし（写真）
・受け継いでいる人の話

まとめ

A1
八王子まつりは，江戸時代の中ごろ宮大工たちが，八王子独自の人形山車をつくり，始まった。

A2
昔は，東の「下の祭り」，西の「上の祭り」として，山車まつりが行われていた。そして，昭和43年に2つのまつりが「八王子まつり」になった。今では，19台の山車が参加している。

A3
昔の人は，病気や事故なく安心して暮らせること，お米や野菜などがたくさんとれて食べ物に困らないことをお祭りで祈っていた。おはやしを受け継いでいる人は，そんな昔の人の思いを守り，今もなお，活動を続けている。

まとめる

自分の考え

第7時

　八王子まつりは，江戸時代に山車のおまつりとして始まり，現在は，19台の山車が参加している。また，おはやしを受け継いでいる人は，昔の人の思いを守りたいと活動を続けている。

| いかす | 東京都の文化財・年中行事【1時間】 |

| 選択・判断 | 伝統や文化の保存や継承にかかわって自分たちにできること【1時間】 |

調べ・考える

第3時 起こりや成り立ち

(1)ねらい

・八王子まつりの歴史を調べ，起こりや成り立ちを理解する。

(2)本時の展開

		【学習形態】 ○学習活動 ・児童の反応	★指導上の留意点 ■資料（種類）
つかむ	1 5分	【全体】 ○本時のめあてを確認する。 八王子まつりは，いつ，どのように始まったのだろう。 ○本時のめあてに対する予想を話し合う。 ・昔からやっていたと思う。 ・地域の人が始めたと思う。 ・昔から山車があったと思う。	
調べ・考える	2 32分	【個別】→【全体】 ○「まつりの始まり（文章）」，「町会長さんの話（文章）」から，八王子まつりがどのように始まったか知る。 ・江戸時代に始まった。 ・人形山車をつくった。 ・町同士競い合って山車をつくった。 ・まつりで山車をひいた。 ・宮大工が山車をつくった。 ○「八王子まつりの歴史（文章）」から，なぜ，八王子まつりが始まったのか考える。 ・八王子をもっと好きになってもらいたい。 ・みんな仲良くしてもらいたい。	■まつりの始まり（文章） ■町会長さんの話 ■八王子まつりの歴史（文章）
まとめる	3 8分	【個別】→【全体】 ○学習のまとめを書く。 **まとめ** 　八王子まつりは，江戸時代の中ごろ宮大工たちが，八王子独自の人形山車をつくり，始まった。 ○学習計画から次時のめあてを確認する。	 ★児童に資料の準備の声がけをする。

調べ・考える

第5・6時 おはやしの保存や継承の取組

(1)ねらい

・おはやしを保存している人から話を聞き，保存への思いを理解する。

(2)本時の展開

<table>
<tr><th></th><th></th><th>【学習形態】　○学習活動　・児童の反応</th><th>★指導上の留意点　■資料（種類）</th></tr>
<tr><td rowspan="2">つかむ</td><td>①
5分</td><td>【全体】
○本時のめあてを確認する。

おはやしは，どのような思いで受け継がれているのだろう。

○本時のめあてに対する予想を話し合う。
・昔の人の思いを大切にしていると思う。
・地域の人に楽しんで欲しいという願いがあると思う。</td><td></td></tr>
<tr><td>②
75分</td><td>【個別】→【全体】
○「おはやし」を見て，おはやしがどのようなものかを調べる。
・すてきな音色だね。　・リズムがいいな。
・おししが出てきたよ。　・お面をつけている。
○「おはやしに使う楽器や道具」を見て，おはやしに使う楽器や道具を調べる。
・笛をふいていたよ。
・２つの太鼓があったよ。
○「おはやしを受け継いでいる人の話」を聞き，おはやしに対する思いを考える。
・おはやしが大好きだと思った。
・昔の人の思いを大切にしている。
・ふるさとの伝統を大切にしている。</td><td>■ゲストティーチャー
（→お呼びできない場合は，動画）

■ゲストティーチャー
（→お呼びできない場合は，写真）

■ゲストティーチャー
（→お呼びできない場合は，文章）

★ゲストティーチャーと事前に打ち合わせをして，保存への思いを話してもらう。</td></tr>
<tr><td>調べ・考える</td><td></td><td></td><td></td></tr>
<tr><td rowspan="2">まとめる</td><td rowspan="2">③
10分</td><td>【個別】→【全体】
○学習のまとめを書く。

まとめ
　昔の人は，病気や事故なく安心して暮らせること，お米や野菜などがたくさんとれて食べ物に困らないことをお祭りで祈っていた。おはやしを受け継いでいる人は，そんな昔の人の思いを守り，今もなお，活動を続けている。</td><td></td></tr>
<tr><td>○学習計画から次時のめあてを確認する。</td><td></td></tr>
</table>

(3)板書計画

○／○　都内の伝統や文化～八王子まつり～⑤⑥

めあて
おはやしは，どのような思いで受けつがれて いるのだろう。

まとめ
昔の人は，病気やじこなく安心してくらせる こと，お米や野菜などがたくさんとれて食べ物 にこまらないことをおまつりでいのっていた。 おはやしを受けついでいる人は，そんな昔の人 の思いを守り，今もなお，活動を続けている。

予想
①昔の人の思いを大切にし ている。 ②地いきの人に楽しんでほ しいという思いがある。

わかったこと

考えたこと

　おはやしに対する思いは？
・おはやしが大好きである。
・昔の人の思いを大切にしている。
・ふるさとのでんとうを大切にしている。

実践者からのメッセージ

ゲストティーチャーの活用

　本実践では，おはやしを保存する取組をしている地域の方々をお呼びしました。目の前でおはやしを見ることができ，児童の興味・関心はとても高くなりました。また，踊り方を教えてもらいながら実際にやってみるなどの体験活動を取り入れることによって，学習効果が高まりました。

　ゲストティーチャーの方とは，どのようなことを話してほしいか，事前に打ち合わせをすることが大切です。また，講義形式ではなく，児童の問いを大切にした，インタビュー形式の授業や，児童が調べていく中で疑問に思ったことをいつでも聞ける環境をつくる授業なども，対話的な学びとして大変重要になってきます。

先人の働き
玉川兄弟と玉川上水

つかむ	第1時		
資料	江戸幕府の人口の変化 （グラフ）	水屋の仕事の様子 （絵）	江戸の町の人の話 （文章）

学習問題
江戸の水は，だれがどこからどのようにひき，江戸の町はどのように変わったのだろう。

第2時

F1	F2	F3	F4
幕府の人たちが玉川上水をつくったと思う。	近くの川から水をひいてきたのだと思う。	川をつくる工事は大変だったと思う。	人々の生活は水が来たことで暮らしやすくなったと思う。

調・考	第3時	第4時	第5時	第6時
問い	《玉川兄弟》 玉川兄弟はどのような苦労をして玉川上水を完成させたのだろう。	《玉川上水の水路》 玉川上水の水はどこからどのようにひいてきたのだろう。	《玉川上水の工事》 玉川上水はどのようにしてつくられたのだろう。	《江戸の生活の変化》 玉川上水のおかげで江戸の町の生活はどのように変化したのだろう。
資料	・玉川兄弟銅像（写真） ・玉川兄弟（映像）	・東京都の白地図（地図） ・上水路の様子（図） ・測量の様子（絵）	・工事の様子（絵） ・工事の際に使われた道具（絵）	・江戸の分水の様子（図） ・新田集落の様子（図）
まとめ	A1 玉川兄弟は江戸幕府の命令で玉川上水を完成させた。何度もあきらめようと思ったが，自分たちの財産をなげうったり，人々と協力したりして，約8か月で玉川上水を完成させた。	A2 玉川上水の水は羽村市の多摩川からひいてきた。なぜ羽村市からひいたかというと，川の水が流れるように高い所からひく必要があったからである。高低差は羽村市から四谷大木戸まで43kmの長さで100mしかなかった。	A3 玉川上水の工事は約8か月続いた。玉川上水の水が必要な多くの農民が力を合わせ，農具を使って川を掘っていった。正確な測量を基に，分担して工期を早めて工事を進めた。	A4 玉川上水が完成し，玉川上水から各地に水をひく分水も多くつくられ，たくさんの新しい田がつくられた。江戸の町の中にも分水がつくられ，町に住む人々が水をいつでも使えるようになり，生活が向上した。

まとめる	第7時
自分の考え	江戸の町の水不足を解消するために，玉川兄弟が約8か月かけて玉川上水をつくり上げ，江戸の町に水をひいた。高低差が約43kmの長さで100mほどしかなかったが，正確な測量と，多くの農民が工事に協力したことにより，無事に完成した。玉川上水が完成した後は，江戸の町の人の水不足は解消され，まわりの農村にも水がいきわたり，新しい田を開発され，人々の生活は向上していった。

いかす　後藤新平のまちづくり【1時間】

調べ・考える

第4時 玉川上水の水路

⑴ねらい

・玉川上水の水をどこからどのようにひいてきたのかを調べ，理解する。

⑵本時の展開

<table>
<tr><th colspan="2"></th><th>【学習形態】　○学習活動　・児童の反応</th><th>★指導上の留意点　■資料（種類）</th></tr>
<tr><td rowspan="2">つかむ</td><td>①
5
分</td><td>【全体】
○本時のめあてを確認する。</td><td></td></tr>
<tr><td colspan="2">玉川上水の水はどこからどのようにひいてきたのだろう。</td></tr>
<tr><td>調べ・考える</td><td>②
30
分</td><td>【個別】
○東京都の白地図に玉川上水の流れを色で塗り，気づいたことをノートにまとめる。
・多摩川からはじまっている。
・羽村市というところからはじまっている。
・東京都の西側から東側に向かって流れている。
○測量の様子から工事の工夫を見つけ，ノートにまとめる。
・43kmの長さで100mしか高低差がない。
・1mの長さにすると数mmの差しかない。
・江戸時代なのに正確に測る技術があったことがすごい。</td><td>■東京都の白地図
■上水路の様子（図）
★東京都の地形の様子についても伝え，西から東に向かって流れていることに気づかせる。
■測量の様子（絵）</td></tr>
<tr><td rowspan="3">まとめる</td><td rowspan="3">③
10
分</td><td>【個別】→【全体】
○学習のまとめを書く。</td><td></td></tr>
<tr><td>まとめ
　玉川上水の水は羽村市の多摩川からひいてきた。なぜ羽村市からひいたかというと，川の水が流れるように高い所からひく必要があったからである。高低差は羽村市から四谷大木戸まで43kmの長さで100mしかなかった。</td><td></td></tr>
<tr><td>○学習計画から次時のめあてを確認する。</td><td>★現在のような工事器具が当時にはないことに気づかせ，次時につなげる。
★児童に資料の準備の声がけをする。</td></tr>
</table>

まとめる

第7時 学習問題に対する自分の考え

(1)ねらい

・玉川兄弟への手紙を書き，今の自分が地域社会にどうかかわるか表現する。

・玉川上水が江戸の生活の安定と向上を図るために大切な働きをしていたことを理解する。

(2)本時の展開

		【学習形態】 ○学習活動 ・児童の反応	★指導上の留意点 ■資料（種類）
つかむ	① 5分	【全体】 ○本時のめあてを確認する。 学習問題に対する自分の考えを書こう。 ○学習問題を確認する。 ○調べてきたことを振り返る。 ・玉川兄弟が自分の財産を犠牲にしたり，多くの農民の力を借りたりしてつくった。 ・約8か月で完成した。 ・高低差が100mしかなく工事が大変だった。 ・玉川上水のおかげで江戸の人々の生活は向上した。	 ■一単位時間ごとの学習のまとめ（文章） ★調べてきたことを振り返るために，一単位時間のまとめを，学習した順に貼る。
考える	② 15分	【個別】 ○玉川兄弟への手紙を書く。 ・今も玉川上水が使われていること ・自分がこれからどのように玉川上水や身近に残る古いものや自然とかかわっていくか 【全体】 ○玉川兄弟への手紙を発表する。	★これまでの功績をたたえるだけでなく，これからの自分の地域社会へのかかわり方について，古くから受け継がれてきたものを守る，自然環境を大切にするなど，具体的な視点から考えさせ，表現させる。
まとめる	③ 25分	【個別】→【全体】 ○学習問題に対する自分の考えを書く。 学習問題に対する自分の考え 　江戸の町の水不足を解消するために，玉川兄弟が約8か月かけて玉川上水をつくり上げ，江戸の町に水をひいた。高低差が約43kmの長さで100mほどしかなかったが，正確な測量と，多くの農民が工事に協力したことにより，無事に完成した。玉川上水が完成した後は，江戸の町の人の水不足は解消され，まわりの農村にも水がいきわたり，新しい田を開発され，人々の生活は向上していった。	

(3)板書計画

〇／〇　先人の働き～玉川兄弟と玉川上水～⑦

めあて

学習問題に対する自分の考えを書こう。

〈学習問題〉
江戸の水は，だれがどこからどのようにひき，江戸の町はどのように変わったのだろう。

玉川兄弟は，江戸の人々と協力したりして，約8か月で玉川上水を完成させた。	玉川上水の高低差は羽村市から四谷大木戸まで43kmで100mしかなかった。	玉川上水の水が必要な多くの農民が力を合わせ，農具を使って川をほっていった。正かくなそく量をもとに，分たんして工事を進めた。	玉川上水から各地に水をひく分水も多くつくられ，たくさんの新しい田がつくられた。江戸の町に住む人々もいつでも水を使えるようになり，生活が向上した。	玉川兄弟への手紙を書く視点
				学習問題に対する自分の考えを書く視点

先人の功績と今の生活をつなげる

　本実践では，学習問題に対する自分の考えを書く前に，玉川兄弟への手紙を書く活動を取り入れました。

　先人の功績が当時の生活を向上させたことの理解を深めるだけでなく，今の自分たちの生活の基盤となっていることを実感させるためにこの活動を行いました。玉川上水とのかかわりだけではなく，地域に残っている行事や建物，または自然環境へのかかわり方についても，改めて考え直すきっかけになりました。

　学習問題に対する自分の考えをまとめる際にも，これからの自分の生活で川や自然に対するかかわり方や，生活の中で自分にできることを踏まえてまとめる児童もいました。

4　県内の伝統や文化，先人の働き

先人の働き
後藤新平

つかむ	
資料	

第1時

関東大震災前の暮らしの様子（写真）	関東大震災による被害状況（表）	震災前と震災直後の町の様子（写真）	後藤新平（写真）

学習問題
後藤新平たちはどのようにして東京のまちを復興させたのだろう。

第2時

予想

F1	F2	F3	F4
まずは大きな道を整備したと思う。	避難できる場所をつくったと思う。	下水道や電機などを整備したと思う。	学校などの建物もきれいにしたと思う。

調・考

問い

第3時	第4時	第5時	第6時
《道路を整備する》後藤新平たちはどのような道路をつくったのだろう。	《避難所の整備》後藤新平たちはどのような避難所や橋をつくったのだろう。	《清潔なまちづくり》後藤新平たちはどのように電気や下水道の整備をしたのだろう。	《学校や建物》後藤新平たちはどのように学校や建物を整備したのだろう。

資料

・震災前の様子（地図） ・復興後の様子（地図） ・復興後にできた道路（写真）	・震災直後の永代橋（絵） ・現在の永代橋 ・今の隅田公園（写真） ・東京都の地図	・下水道整備前の町の様子（写真） ・道路の地下の模型（写真）	・震災前の学校の様子（絵） ・復興小学校（写真） ・同潤会アパート（写真）

まとめ

A1	A2	A3	A4
後藤新平たちはまちの区画整理をして，まっすぐで，はばの広い道路をつくった。これは，子孫も震災で同じような被害に合わないようにという願いがあったから。	後藤新平たちは，燃えにくく壊れにくい鉄筋コンクリートの橋をつくり，大きくてきれいな公園をつくった。これは，みんなが安全に避難できるだけでなく，東京のシンボルとなるような美しいものにしたいという願いがあったから。	後藤新平たちはこれまで整備されていなかった下水道を道路の下に通した。これは病気を予防し，みんなが安心して清潔に暮らすことができるようにという願いがあったから。	後藤新平たちは燃えにくく壊れにくい鉄筋コンクリートで近代的なデザインの学校や建物をつくった。また，学校の隣に小さな公園をつくり，住民の避難所や楽しみの場所になるようにした。

まとめる	
自分の考え	

第7時

　後藤新平たちは人々が安全で快適に暮らせるまちを目指して道路や橋，学校や公園をつくったり，下水道などを整備したりして東京のまちを復興させた。そのことにより，当時の人々の生活がよりよいものになった。

いかす　開発，教育，医療，文化，産業【1時間】

5　県内の特色ある地域

都内の特色ある地域
地場産業（東京染小紋）

オリエンテーション　東京都の特色ある地域【１時間】

つかむ	第１時		
資料	東京染小紋の着物・きれはし（実物）	浮世絵・裃・「染の王国新宿」ロゴ（写真）	新宿のビルの街並み（写真）

学習問題

東京染小紋はだれがどのようにしてつくり，新宿区でどのように受け継がれているのだろう。

第２時

予想	F１	F２	F３
	染小紋は職人が何年も修行してつくっているのだと思う。	染小紋は，地域の人や好きな人の思いがあり，受け継がれていると思う。	染小紋を生かしたイベントや展示会をしていると思う。

調・考	第３時	第４時	第５時
問い	《染小紋の職人》 染小紋の職人はどのようにして染小紋をつくっているのだろう。	《染小紋の継承》 染小紋はどのようにして現在まで受け継がれてきたのだろう。	《新宿区のまちづくり》 新宿区は染小紋をどのようにまちづくりに生かしているのだろう。
資料	・染色作業の様子（写真・映像） ・職人の話（映像）	・染物に関する工房数の変化（グラフ） ・染小紋風呂敷クロスメイキング（映像）	・染の小道パンフレット
まとめ	A１ 東京染小紋は10年以上の修行をした職人が，受け継がれた技術や道具を使ってつくっている。	A２ 工房の数は減っているが，体験などのイベントを行ったり，新製品を開発したりして，多くの染小紋を知らない人たちに知ってもらう努力をしている。	A３ 新宿区は職人や商店街，町会，学校などと協力して，染小紋をはじめとした伝統工芸を生かしたイベントなどを行い，まちを盛り上げている。

まとめる	第６時
自分の考え	東京染小紋は，職人が昔からの技術を受け継ぎながらつくり，職人や新宿区の人々が協力して，東京染小紋を生かしてまちを盛り上げている。

5　県内の特色ある地域

都内の特色ある地域
国際交流（八王子市）

つかむ	第1時		
資料	日本のお祭りに参加する外国人 （写真）	留学生と小学生との交流授業 （写真）	海外学生派遣 （写真）

学習問題
　八王子市は，どのような国際交流をしているのだろう。

	第2時			
予想	F 1 いくつかの国と交流していると思う。	F 2 外国から来た人と交流していると思う。	F 3 外国のことを知るイベントをしていると思う。	F 4 外国に行って交流していると思う。

調・考	第3時	第4時	第5時	第6時
問い	《国際交流の歴史》 八王子市は，どのような国と交流しているのだろう。	《国内での交流①》 小学校では，外国から来た人とどのように交流しているのだろう。	《国内での交流②》 どのようなイベントをやって交流しているのだろう。	《海外での交流》 市民は，外国に行き，どのような交流をしているのだろう。
資料	・国際交流の歴史（年表） ・市役所の人の話 ・国旗	・交流授業（写真） ・小学校での国際交流（図）	・八王子まつり（写真） ・市民の話（文章） ・写真展（写真）	・中学生の訪問（写真） ・ランタンフェスティバル（写真）
まとめ	A 1 平成18年に中国，台湾，韓国と友好交流協定を結び，交流が始まった。今まで，お祭りやスポーツ，写真展などで交流をしてきている。また，平成29年からは，ドイツとも交流をしている。	A 2 留学生が小学校に行き，外国のことを教えたり，小学生から日本のことを教えてもらったりしている。小学校では，いろいろな人の協力により，国際交流が行われている。	A 3 市の人が交流イベントを計画している。例えば，八王子まつりで，台湾の中学生が，昔から伝わる歌と踊りを踊ったり，市内で写真展をやり，4つの友好交流都市のすてきなところを紹介したりしている。	A 4 9名の中学生が台湾の高雄市に行き，英語の授業や給食で交流をしている。また，大学生は，高雄市のランタンフェスティバルで踊りを踊っている。

まとめる	第7時
自分の考え	八王子市では，平成18年に友好交流協定を結び，国際交流をしている。小学生は，外国調べをするときに留学生に食事や遊び，文化を教えてもらっている。また，八王子まつりでは，高雄市の中学生が歌やおどりを披露している。さらに，八王子に住む中学生や大学生が外国に行き，授業を受けたり，踊りを踊ったりしている。つまり，八王子市は，国際交流をしようと努力する市役所，先生，市民などが協力して交流を盛り上げている。

つかむ

第1時 学習問題づくり

(1)ねらい

・国際交流の様子を知り，学習問題をつくる。

(2)本時の展開

		【学習形態】 ○学習活動 ・児童の反応	★指導上の留意点 ■資料（種類）
つかむ	① 5 分	【全体】 ○本時のめあてを確認する。 国際交流の様子を知り，学習問題をつくろう。	
調べ・考える	② 30 分	【個別】 ○「日本のお祭りに参加する外国人（写真）」を見て，日本のお祭りに外国人が参加していることを知る。 ・たくさんの人がいるね。 ・外国の人がいるよ。 ・どんな目的で来ているのかな？ ○「国際交流」の言葉の意味を知る。 ○「留学生と小学生との交流授業（写真）」を見て，外国から来た留学生が日本の小学生と交流していることを知る。 ・私たちと同じ小学生が学校で交流している。 ・何をしているのだろう？ ○「海外学生派遣（写真）」を見て，中学生が外国に行って交流していることを知る。 ・中学生が外国に行ってるよ。 ・中学生は，何をしに行っているのかな？	■日本のお祭りに参加する外国人（写真） ★日本のお祭りに外国の人が参加していることに気づかせる。 ■国際交流（文） ■留学生と小学生との交流授業（写真） ■海外学生派遣（写真）
つくる	③ 10 分	【個別】→【全体】 ○国際交流について疑問に思ったことを整理して，学習問題をつくる。 **学習問題** 　八王子市は，どのような国際交流をしているのだろう。	

調べ・考える
第4時 国内での交流①

(1)ねらい

・日本国内での国際交流を調べ，人々が協力して国際交流が行われていることを理解する。

(2)本時の展開

		【学習形態】 ○学習活動 ・児童の反応	★指導上の留意点 ■資料（種類）
つかむ	1 5分	【全体】 ○本時のめあてを確認する。 　小学校では，外国から来た人とどのように交流しているのだろう。 ○本時のめあてに対する予想を話し合う。 ・外国のことを教えてもらっていると思う。 ・一緒に遊んでいると思う。 ・一緒に食事をしていると思う。	
調べ・考える	2 32分	【個別】→【全体】 ○「交流授業（写真）」「小学校での国際交流（図）」から，外国から来た人と日本の小学生が国際交流してることを知る。 ・外国の遊びを教えてもらっている。 ・小学校の様子を教えてもらっている。 ・一緒に外国の遊びをしている。 ・一緒に給食を食べている。 ○「小学校の先生の話（文章）」から，小学校での国際交流を図で整理する。 ・小学校の先生から大学の先生に連絡している。 ・大学の先生が留学生に声をかけている。 ・留学生と小学生が交流している。	■交流授業（写真） ■小学校での国際交流（図） ■小学校の先生の話 ★協力をイメージさせるために，関係を図で整理させる。
まとめる	3 8分	【個別】→【全体】 ○学習のまとめを書く。 **まとめ** 　留学生が小学校に行き，外国のことを教えたり，小学生から日本のことを教えてもらったりしている。小学校では，いろいろな人の協力により，国際交流が行われている。 ○次時のめあてを話し合う。	 ★児童に資料の準備の声がけをする。

(3)板書計画

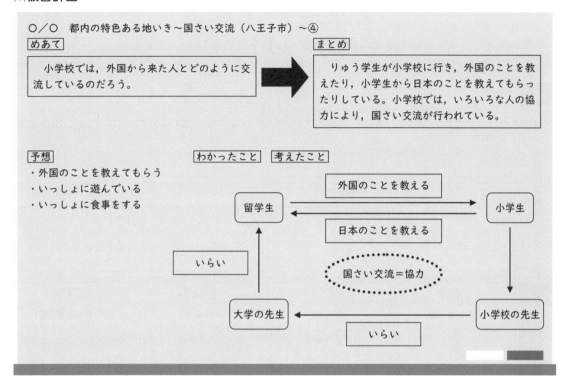

○／○　都内の特色ある地いき～国さい交流（八王子市）～④

めあて

小学校では，外国から来た人とどのように交流しているのだろう。

まとめ

りゅう学生が小学校に行き，外国のことを教えたり，小学生から日本のことを教えてもらったりしている。小学校では，いろいろな人の協力により，国さい交流が行われている。

予想
・外国のことを教えてもらう
・いっしょに遊んでいる
・いっしょに食事をする

わかったこと　考えたこと

外国のことを教える

留学生　←→　小学生

日本のことを教える

いらい

国さい交流＝協力

大学の先生　←　小学校の先生

いらい

＼実践者からのメッセージ／

構造的な板書

　教師は，板書のパターンをいくつか用意しておくとよいでしょう。本実践では，人々の協力を児童に理解させるために，→を使って整理する板書を試みました。黒板を大きく使い，板書する言葉をなるべく少なくして図で整理することで，より深い理解につながります。

　また，児童は板書を見ながらノートを書きます。そのため，授業のはじめに，今日はどのパターンで板書をしていくのか，どんなふうにノートを書いていくとよいのかを説明しておくとよいでしょう。このようなやりとりをするだけで，児童は安心して学習に取り組むことができます。日頃から，１時間の授業で見開き１ページと指導しておくことも大切です。

5 県内の特色ある地域

都内の特色ある地域
自然環境（小笠原村）

つかむ	第1時			
資料	島のPR （動画）	小笠原の位置 （地図）	小笠原の気温，人口，観光客 （グラフ）	船の時刻表 （図）

学習問題
　小笠原の人々は，豊かな自然の中で，どのように暮らしているのだろう。

第2時

F1	F2	F3	F4
小笠原にしか住んでいない生き物と過ごしている。	海や自然を生かした仕事をしている。	みんなで協力して，小笠原の自然を守ろうとしている。	世界自然遺産に登録された自然を守っている。

予想

調・考	第3時	第4時	第5時	第6時
問い	《固有の動植物》 小笠原の人々は，どのような動物や植物と過ごしているのだろう。	《観光業》 小笠原の人々は，どのような観光の仕事をしているのだろう。	《自然保護》 豊かな自然を守るために，どのような取組をしているのだろう。	《世界自然遺産登録》 なぜ，小笠原は世界自然遺産に登録されたのだろう。
資料	・小笠原の生き物 　（図）	・海ツアー（図） ・森ツアー（図） ・ナイトツアー（図）	・カントリーコード（図） ・自主ルール	・小笠原に住む人 ・ノヤギを追い出す ・弟島のトンボを守る
まとめ	A1 小笠原の人々は，他の地域ではあまり見られない固有の動植物と過ごしている。固有の動植物がたくさんいるのは，小笠原が一年中暖かい気候や一度も陸続きになっていないからだ。	A2 小笠原の人々は，小笠原の大自然を伝えるために，ドルフィンスイムやダイビング，森歩きツアー，ナイトツアーなどの小笠原の自然を生かした観光の仕事をしている。	A3 小笠原の人々は，小笠原カントリーコードなどのルールをつくり，観光客と協力して豊かな自然を守っている。	A4 小笠原の人々が，イルカやクジラなどに対して，自主ルールを決め，観光客や東京都などと協力して小笠原の大切な自然を守り続けているから。

まとめる	第7時
自分の考え	小笠原の人々は，自然を生かした海や森の仕事をしたり，観光客や東京都と協力しながら大切な小笠原の豊かな自然を守ったりして，暮らしている。

いかす	伝統的な文化（台東区）【2時間】

深める	特色ある地域のまとめ【1時間】

つかむ

第1時 学習問題づくり

(1)ねらい

・小笠原が自然豊かな島であることを知り，島の様子に興味・関心をもつ。

(2)本時の展開

		【学習形態】 ○学習活動 ・児童の反応	★指導上の留意点 ■資料（種類）
つかむ	① 5分	【全体】 ○「島のPR（動画）」を見て，感想を発表し，どこかを予想し，これから小笠原の学習をすることを知る。 ・すごくきれいだな。 ・南の島かな。 ○本時のめあてを確認する。	■島のPR（動画） ★学習範囲は，小笠原諸島の中でも有人島である父島と母島にし，それらを小笠原とする。
		小笠原は，どのようなところか調べよう。	
調べ・考える	② 30分	【全体】 ○「地図帳」で，小笠原の位置や海に囲まれている島であることを調べる。 ・○○市の南の方にある。（位置） ・東京から約1000kmも離れている。（距離） ・海に囲まれた島。（地形） ○「小笠原と東京の気温（グラフ）」で，小笠原の気候を調べる。 ○A・B・Cの3つの資料から，小笠原の概要をつかむ。 A「小笠原の人口（グラフ）」から，父島と母島にどれくらい人が住んでいるか調べる。 B「おがさわら丸の時刻表（図）」や「船（写真）」で，小笠原への交通を調べる。 C「観光客の推移（グラフ）」から，小笠原の観光客の移り変わりを調べる。	■地図帳 ★地図帳を活用し，住んでいる地域と小笠原の位置関係（方位），距離を押さえさせる。 ★小笠原が島であることを押さえさせる。 ■小笠原と東京の気温（グラフ） ★3つの資料を分担して調べさせる。 ■小笠原の人口（グラフ） ★○○市の人口と比較させる。 ■おがさわら丸の時刻表（図） ■船（写真） ★距離の遠さを時間から押さえさせる。 ■観光客の推移（グラフ） ■観光客（文）
つくる	③ 10分	【個別】→【全体】 ○小笠原について疑問に思ったことを整理して，学習問題をつくる。	
		学習問題 　小笠原の人々は，豊かな自然の中で，どのように暮らしているのだろう。	

調べ・考える

第4時 観光業

(1)ねらい

・小笠原の自然を生かした観光業を調べ，それに従事する人々の思いや願いについて理解する。

(2)本時の展開

		【学習形態】 ○学習活動 ・児童の反応	★指導上の留意点 ■資料（種類）
つかむ	① 5分	【全体】 ○本時のめあてを確認する。 小笠原の人々は，どのような観光の仕事をしているのだろう。 ○本時のめあてに対する予想を話し合う。 ・イルカやダイビングのガイドをしている。 ・森で固有種のガイドをしている。 ・グリーンペペのガイドをしている。	 ■小笠原の生き物たち（図）
調べ・考える	② 32分	【個別】→【全体】 ○「小笠原の海ツアー，森ツアー，ナイトツアー（図）」から，自然に合った小笠原ならではの観光業をしていることを知り，自主ルールがある意味を考える。 ・海でドルフィンスイムのガイドをしている。 ・ドルフィンスイムには自主ルールがある。 ・森で，森歩きツアーのガイドをしている。 ・歩くときには，自主ルールがある。 ・グリーンペペのガイドをしている。 ・グリーンペペを見るときは自主ルールがある。 ○小笠原の観光ガイドは，観光業を通して，どんなことを観光客に伝えたいのか考える。 ・小笠原の大自然。 ・一度も陸続きになったことがない自然。	■ドルフィンスイム（写真） ■森ツアー（写真） ■ナイトツアー（写真） ■小笠原の海ツアー（図） ■小笠原の森ツアー（図） ■小笠原のナイトツアー（図） ★イルカ，森，グリーンペペを大切にしていることを押さえる。 ■2人のガイドさん（文章）
まとめる	③ 8分	【個別】→【全体】 ○学習のまとめを書く。 まとめ 　小笠原の人々は，小笠原の大自然を伝えるために，ドルフィンスイムやダイビング，森歩きツアー，ナイトツアーなどの小笠原の自然を生かした観光の仕事をしている。 ○次時のめあてを話し合う。	 ★児童に資料の準備の声がけをする。

(3)板書計画

○／○　都内の特色ある地いき～自然環境（小笠原村）～④

めあて
小笠原の人々は，どのような観光の仕事をしているのだろう。

まとめ
小笠原の人々は，小笠原の大自然を伝えるためにドルフィンスイムやダイビング，森歩きツアー，ナイトツアーなど小笠原の自然を生かした観光の仕事をしている。

予想
わかったこと

①イルカやダイビングのガイド
・ドルフィンスイム
・ダイビング
・自主ルール
→海を活用

②森で固有種のガイド
・森歩き
・自主ルール
→森を活用

③夜，グリーンペペのガイド
・グリーンペペのガイド
・星空ツアー
・自主ルール
→夜の森を活用

考えたこと

どんなことを観光客に伝えたいのか？
・小笠原の大自然。
・一度も陸続きになったことがない特別な自然。

＼実践者からのメッセージ／

資料の作成

　児童が調べ学習をするときに，教科書や資料集を活用します。しかし，中学年の場合は，事例地によっては，教科書に掲載されていないことがあります。その場合は，児童に用意させるとともに，資料等を教師が作成しなければなりません。

　今回の小笠原の場合は，観光パンフレットやホームページが有効でした。しかし，大人向けに作成されているので，４年生の児童にとっては内容が難しかったり，読めない漢字が含まれていたりすることがあります。そこで，４年生の児童にもわかるように，教師が資料を作成する必要があります。資料を作成するときには，書かれている文章をやさしくしたり，漢字にルビを振ったりして，わかりやすい資料を作成することが大切です。写真の活用も重要ですが，ほしい写真が見つからない場合は，図工専科の先生に協力を依頼し，イラストを作成してもらうという方法もあります。

5 県内の特色ある地域

都内の特色ある地域
伝統的な文化（台東区）

つかむ

資料

第1時		
雷門, 仲見世, 三社祭 （写真）	台東区の年間観光客数の推移 （グラフ）	台東区観光パンフレット

学習問題
台東区には, なぜたくさんの観光客が訪れるのだろうか。

予想

第2時

F1	F2	F3	F4
日本らしい古い建物や有名な物があると思う。	たくさんの行事があると思う。	観光客が過ごしやすい工夫をしていると思う。	新しいこともしていると思う。

調・考

問い

第3時	第4時	第5時	第6時
《文化財やまち並み》 台東区には, どんな文化財やまち並みがあるのだろう。	《伝統行事》 台東区では, どのような行事が行われているのだろう。	《まちの人々の協力》 台東区では, 観光客のためにどのような工夫をしているのだろう。	《新たな取組》 台東区では, 多くの人に来てもらうためにどのような取組をしているのだろう。

資料

| ・浅草寺（写真）
・浅草寺・仲見世周辺（図）
・西洋美術館（写真） | ・三社祭, 隅田川花火大会（写真）
・観光連盟の人の話 | ・観光パンフレット
・観光ボランティアの話
・商店街の人の話
・区役所の人の話 | ・区役所の人の話
・整備されたまち並み（写真）
・イベント企画者の話 |

まとめ

A1	A2	A3	A4
台東区の浅草には, 1400年の歴史がある浅草寺や国の文化財など古い建物がたくさんある。近くには日本最古の商店街がある。また, 上野には, 世界遺産の美術館がある。	台東区では, 毎月のように行事が行われていて, 何百年も前から続いている行事もある。行事では, まちの人が協力し, たくさんの観光客に安全に楽しんでもらえるよう努力している。	台東区は, 10か国語のパンフレットや4か国語の案内表示をつくっている。まちの人々の中には, ボランティアでガイドをしている人や, 日本の文化を教えている人がいる。区やまちの人が協力して, 観光客が過ごしやすくなるようにしている。	台東区では, より多くの人に来てもらうために, まちをバリアフリー化したり, 新たな交通機関を整備したりしている。新しい行事やイベントも始めている。区やまちの人が協力して, まちづくりをしている。

まとめる

自分の考え

第7時

台東区には, 古い建物やまち並みがあり, 国の文化財や世界遺産になっている建物もある。長い歴史をもつ伝統行事もある。日本らしい建物や行事を見るためにたくさんの観光客が訪れている。区やまちの人は, 古くから伝わる文化財や伝統行事を大切に受け継ぎながら, よりよいまちづくりを目指して協力し合い, 努力している。

いかす 自然環境【1時間】

深める 特色ある地域のまとめ【1時間】

Chapter3
第５学年の授業デザイン例

第5学年の年間指導計画

		単元名			学習過程	学習内容
1		学年のはじまり				学習ガイド，ノートの書き方
2		位置，構成，領土 【2時間】		1	調べ・考える①	国旗，大陸，海洋，近隣諸国
3				2	調べ・考える②	国の広がり
4		地形や気候 【3時間】		1	調べ・考える①	地形からみた特色
5				2	調べ・考える②	梅雨，台風，季節風
6				3	調べ・考える③	気候からみた特色
7		確かめる				テスト
8		高い土地の暮らし 野辺山原 【7時間】		1	つかむ①	学習問題づくり
9	1			2	つかむ②	学習計画
10	国			3	調べ・考える①	野辺山原の農業
11	土			4	調べ・考える②	野辺山原の観光業
12	の			5	調べ・考える③	野辺山原の開拓
13	様子			6	まとめる	学習問題に対する自分の考え
14	㉑			7	いかす	低い土地の暮らし
15		暖かい土地の暮らし 沖縄県 【7時間】		1	つかむ①	学習問題づくり
16				2	つかむ②	学習計画
17				3	調べ・考える①	沖縄県の農業
18				4	調べ・考える②	沖縄県の観光業
19				5	調べ・考える③	沖縄県の文化や自然保護
20				6	まとめる	学習問題に対する自分の考え
21				7	いかす	寒い土地の暮らし
22		確かめる				テスト
23	2	食料生産 【3時間】		1	調べ・考える①	米，野菜，果物，畜産の産地
24	食料			2	調べ・考える②	外国とのかかわり（輸出，輸入）
25	生産			3	調べ・考える③	地産地消，自給率
26	⑳	米づくりの盛んな地域		1	つかむ①	学習問題づくり

27	【8時間】		2	つかむ②	学習計画
28			3	調べ・考える①	南魚沼の自然環境
29			4	調べ・考える②	米づくりの様子
30			5	調べ・考える③	運輸の働き
31			6	調べ・考える④	新しい米づくり
32			7	まとめる	学習問題に対する自分の考え
33			8	確かめる	テスト
34	水産業の盛んな地域 【9時間】		1	つかむ①	学習問題づくり
35			2	つかむ②	学習計画
36			3	調べ・考える①	地形の条件
37			4	調べ・考える②	とる漁業
38			5	調べ・考える③	育てる漁業
39			6	調べ・考える④	輸送や加工
40			7	まとめる	学習問題に対する自分の考え
41			8	いかす	野菜, 果物, 畜産物, これからの農業
42			9	確かめる	テスト
43	工業生産 【3時間】		1	調べ・考える①	日本の工業
44			2	調べ・考える②	工業が盛んな地域
45			3	調べ・考える③	工業製品の改良
46	3 工業生産 ⑱	我が国の工業生産 自動車 【8時間】	1	つかむ①	学習問題づくり
47			2	つかむ②	学習計画
48			3	調べ・考える①	自動車の生産
49			4	調べ・考える②	関連工場
50			5	調べ・考える③	自動車の開発
51			6	まとめる	学習問題に対する自分の考え
52			7	いかす	金属, 化学, 食料品, これからの工業
53			8	確かめる	テスト

54			1	つかむ①	学習問題づくり
55			2	つかむ②	学習計画
56		工業生産と	3	調べ・考える①	日本の貿易相手国
57		貿易や運輸の働き	4	調べ・考える②	貿易品の運び方
58		【7時間】	5	調べ・考える③	貿易品を運ぶ人々
59			6	まとめる	学習問題に対する自分の考え
60			7	確かめる	テスト
61			1	つかむ①	学習問題づくり
62			2	つかむ②	学習計画
63		放送，新聞などの産業	3	調べ・考える①	情報の収集
64			4	調べ・考える②	情報の選択
65		新聞	5	調べ・考える③	情報の加工・整理
66		【8時間】	6	まとめる	学習問題に対する自分の考え
67	4 産業と情報 ⑯		7	いかす	放送
68			8	確かめる	テスト
69			1	つかむ①	学習問題づくり
70			2	つかむ②	学習計画
71		情報や情報通信技術を	3	調べ・考える①	情報の種類
72		活用する産業	4	調べ・考える②	活用①アプリ
73		外食産業	5	調べ・考える③	活用②食材発注
74			6	まとめる	学習問題に対する自分の考え
75		【8時間】	7	いかす	販売，運輸，観光，医療，福祉
76			8	確かめる	テスト
77			1	つかむ①	学習問題づくり
78	5 自然環境 ㉓		2	つかむ②	学習計画
79		自然災害から暮らしを守る	3	調べ・考える①	地震
80		【7時間】	4	調べ・考える②	台風や大雪
81			5	調べ・考える③	噴火
82			6	まとめる	学習問題に対する自分の考え

83		7	確かめる	テスト
84	私たちの暮らしと 森林の働き 【7時間】	1	つかむ①	学習問題づくり
85		2	つかむ②	学習計画
86		3	調べ・考える①	天然林と人工林
87		4	調べ・考える②	林業を営む人々
88		5	調べ・考える③	企業や区市町村の森林を守る取組
89		6	まとめる	学習問題に対する自分の考え
90		7	確かめる	テスト
91	公害の防止と生活環境 大気汚染（北九州） 【8時間】	1	つかむ①	学習問題づくり
92		2	つかむ②	学習計画
93		3	調べ・考える①	きれいにする取組
94		4	調べ・考える②	市や市民の取組
95		5	調べ・考える③	国の取組
96		6	まとめる	学習問題に対する自分の考え
97		7	いかす	水質汚濁
98		8	確かめる	テスト
99	選択判断			森林，環境
100	学年のまとめ			5年生の学習を終えて

高い土地の暮らし
野辺山原

つかむ	第1時		
資料	野辺山原 （地図）	野辺山原の今と昔 （写真）	JR小海線野辺山駅 （写真）

学習問題
　高地である野辺山原で暮らす人々は，どのような仕事をしているのだろう。

	第2時		
予想	F1 畑で野菜をつくるなどの農業をしていると思う。	F2 訪れる人たちが山の自然を生かして楽しめる仕事があると思う。	F3 生活しやすい土地に変える仕事があると思う。

調・考	第3時	第4時	第5時
問い	《野辺山原の農業》 野辺山原では，どのような農業が行われているのだろう。	《野辺山原の観光業》 野辺山原では，どのような観光が行われているのだろう。	《野辺山原の開拓》 現在の野辺山原に，どのようにして変わっていったのだろう。
資料	・高原野菜の種類（写真） ・酪農（写真） ・農家の話（文章） ・野辺山原の雨温図（図）	・八ヶ岳（写真） ・宇宙電波観測所（写真） ・スキー場（写真） ・野辺山原の雨温図（図）	・昔の野辺山原（写真） ・野辺山原の開墾年表（図） ・野辺山原を開墾した人の話（文章）
まとめ	A1 野辺山原で暮らす人々は，葉物の高原野菜をつくったり，酪農を行い牛乳などの乳製品を生産したりしている。つまり，野辺山原の夏涼しく，冬寒いという気候の特色を生かした農業を行っている。	A2 野辺山原には，登山やスキーを楽しむ人たちの宿泊施設や，星空を観察するための施設がある。夏には，スポーツ合宿を行う人々が涼しい気候を求めて泊まっている。つまり，野辺山原で暮らす人々は，標高の高い山に囲まれた地形や，夏は涼しく，冬にはたくさんの雪が降るという気候の特色を生かした観光をすすめている。	A3 野辺山原に残った人々や，戦地から帰ってきた人々が，荒地を何度も開墾し，失敗を繰り返しながら気候や地形に合った農業を見つけ始めた。つまり，野辺山原で暮らす人々の，野辺山原に対する気持ちや努力，工夫によって，今の野辺山原がつくられている。

まとめる	第6時
自分の考え	野辺山原では，開墾されたことによって，高原野菜がつくられ，酪農が行われるようになった。スキーや登山，星空観察，スポーツ合宿を楽しむ人たちなどの観光客を受け入れている。つまり，野辺山原で暮らす人々の，気候や地形を生かすための工夫や努力によって，野辺山原で暮らす人々の仕事は支えられている。

いかす　低い土地の暮らし【1時間】

1　国土の様子

低い土地の暮らし
海津町

つかむ	
資料	**第1時**　海津市の航空写真（写真）／土地の高さのわかる地図（地形図）／海津市の洪水の被害（年表）／海津市の観光資料（パンフレット）

第1時

海津市の航空写真 （写真）	土地の高さのわかる地図 （地形図）	海津市の洪水の被害 （年表）	海津市の観光資料 （パンフレット）

学習問題
　海津市に暮らす人々は，低い土地でどのように暮らしているのだろう。

第2時

F1 洪水が起きないような工夫をしていると思う。	F2 たくさんの水を生かして農業をしていると思う。	F3 たくさんの水を生かした遊びやスポーツなどの楽しみがあると思う。

調・考／問い／資料／まとめ

第3時	**第4時**	**第5時**
《災害から暮らしを守る工夫》 海津市に暮らす人々は洪水の被害からどのように暮らしを守っているのだろう。	《地形をいかした農業》 海津市に暮らす人々は低い土地でどのような農業をしているのだろう。	《地形をいかした観光業》 海津市に暮らす人々は低い土地でどのような楽しみをしているのだろう。
・水屋（写真） ・水防倉庫の配置（地図） ・水防団の様子（写真） ・埋め立て前の輪中（地図）	・昔の田の様子（写真） ・今の田畑の様子（写真・映像） ・農家の人の話	・海津市観光パンフレット ・レガッタ大会（写真） ・木曽三川公園で働く人の話 ・ナマズ料理（写真）
A1 海津市に暮らす人々は，家のつくりを工夫したり，水防団をつくったり，川の流れを変えたりして，水害から暮らしを守る工夫をしてきた。	A2 海津市に暮らす人々は，豊かな水と平らで日当たりのよい土地を生かして，米や野菜をつくっている。	A3 海津市に暮らす人々は，川や平らで日当たりのよい土地がある地形を生かして，スポーツや遊びを楽しんだり，観光に生かしたりしている。

まとめる／自分の考え

第6時

　海津市に暮らす人々は水害から暮らしを守る工夫をして，たくさんの水と日当たりのよい平らな土地にめぐまれた地形を農業や観光に生かして暮らしている。つまり，海津市の人々の暮らしは，地形と深くかかわっている。

いかす	高い土地の暮らし【1時間】

1　国土の様子

暖かい土地の暮らし
沖縄県

つかむ

資料

第1時

| 沖縄県の地図 | 沖縄県の雨温図 | 沖縄の現在の家と伝統的な家（写真） | 沖縄の海や畑（写真） | 沖縄県への観光客（グラフ） |

学習問題
　暖かい気候である沖縄県で暮らす人々は，どのような生活をしているのだろう。

予想

第2時

| F1 暖かい気候で育つ農作物を育てていると思う。 | F2 たくさんの観光客を受け入れていると思う。 | F3 昔からの文化を残していたり，きれいな海を守ったりしていると思う。 |

調・考

問い

第3時	第4時	第5時
《沖縄県の農業》 沖縄県では，どのような農業が行われているのだろう。	《沖縄県の観光業》 沖縄県では，どのような観光が行われているのだろう。	《沖縄県の文化と自然保護》 沖縄県の文化や自然には，どのような特徴があるのだろう。

資料

| ・さとうきび畑（写真）
・沖縄県の主な農作物の作付面積（図）
・菊畑（図） | ・海，水族館（写真）
・沖縄料理（図）
・エイサー（写真）
・紅型の染物（写真） | ・首里城（写真）
・サンゴの白骨化（写真） |

まとめ

| A1 沖縄県の農家は，さとうきびやパイナップル，マンゴーなどの農作物を生産したり，菊を早い時期に生産し出荷したりしている。つまり，沖縄の農家は，年間を通して温かく雨が多い気候の特色を生かした農業を行っている。 | A2 沖縄県には，海を楽しむための施設や水族館などがある。沖縄県産のゴーヤを使った食べ物や，沖縄の伝統文化などを求めて沖縄を訪れる人がいる。つまり，海に囲まれ，温かい気候である沖縄の特徴や伝統文化を生かした観光をすすめている。 | A3 沖縄県の人々は，アジアの近くの国々と交流が盛んに行われていた。昔の沖縄の様子が残る首里城などの世界遺産がある。開発による海の汚れや，海水温の上昇による生き物への影響などの問題を抱えている。そして，沖縄県の人々は，自然や文化を守る取組をしている。 |

まとめる

自分の考え

第6時

　沖縄県で暮らす人々は，さとうきびやパイナップル，マンゴーなどをつくっている。また，海や沖縄料理，伝統文化を楽しむ人たちなどの観光客を受け入れている。アジアの国々との交流を昔から行い，首里城などの世界遺産が文化として残されている。また，きれいな海を守るための取組をしている。つまり沖縄県で暮らす人々は，気候を生かした産業を行い，自然環境や伝統文化を守っている。

いかす　寒い土地の暮らし【1時間】

1 国土の様子

寒い土地の暮らし
北海道

つかむ	第1時			
資料	冬の十勝川 （写真）	冬の気球大会の様子 （写真）	帯広と東京の雨温図 （グラフ）	十勝地方の人の話 （文章）

学習問題
　十勝地方で暮らす人々は，厳しい寒さや気候の中でどのように暮らしているのだろうか。

予想

第2時

F1	F2	F3
寒さを防ぐための工夫をしていると思う。昔からの工夫があると思う。	冬の寒さや夏の涼しさを生かして，他の地域ではつくれない作物を育てていると思う。	寒さを生かした観光やスケートなどの楽しみがあると思う。

調・考

問い

資料

まとめ

第3時	第4時	第5時
《寒さから暮らしを守る工夫》 十勝地方に暮らす人々は，寒さからどのように暮らしを守っているのだろう。	**《気候を生かした農業》** 十勝地方に暮らす人々は，寒い土地でどのような農業をしているのだろう。	**《気候を生かした観光業》** 十勝地方で暮らす人々は寒い土地でどのような楽しみがあるのだろう。
・寒い地域の家の工夫（絵） ・アイヌの人々の家や衣服（写真）	・夏の十勝平野（写真） ・輪作（図・文章） ・農家の人の話（文章）	・しばれフェスティバル（映像） ・十勝の観光パンフレット ・十勝に住む人の話（文章）
A1 十勝地方に暮らす人々は，昔から家や衣服をより暖かくなるように工夫して厳しい寒さから暮らしを守っている。つまり，十勝地方に暮らす人々は，昔からの伝統を生かしつつ，より暖かく暮らす工夫をしている。	A2 十勝地方に暮らす人々は，夏の涼しい気候と広い土地を生かしてその土地にあった作物をたくさんつくっている。つまり，十勝地方に暮らす人々は気候を生かした農業をしている。	A3 十勝地方に暮らす人々は，夏の涼しさや冬の寒さを生かしてスポーツを楽しんだり，お祭りをしたりして寒い気候を楽しみにかえている。つまり，十勝地方に暮らす人々は寒い気候をスポーツや観光に生かしている。

まとめる	第6時
自分の考え	十勝地方に暮らす人々は，厳しい寒さから暮らしを守る工夫をして，冬の厳しい寒さと夏の涼しい気候を生かした産業を行い，自然環境や伝統文化を守っている。つまり，十勝地方の人々の暮らしは，気候と深くかかわっている。

いかす　暖かい土地の暮らし【1時間】

2 食料生産

米づくりの盛んな地域

つかむ	第1時	南魚沼産コシヒカリ（写真）	コシヒカリの情報・価格・特A・特別栽培米（文字・写真）	南魚沼市の自然の様子（地図・写真）

資料

学習問題
　南魚沼市の農家は，おいしい米をたくさん生産し，消費者に届けるためにどのような工夫や努力をしているのだろう。

第2時

予想

F 1	F 2	F 3	F 4
南魚沼市の自然を米づくりに生かしていると思う。	農家がよい水や土を使って，みんなでつくっていると思う。	農家が直接販売していると思う。	おいしい米づくりのための開発をしていると思う。

調・考

第3時	第4時	第5時	第6時
《南魚沼の自然環境》	《米づくりの様子》	《運輸の働き》	《新しい米づくり》

問い

南魚沼市の自然と米づくりにはどのような関係があるのだろう。	農家は米づくりの中で，どのような工夫をしているのだろう。	つくられた米はどのようにして私たちのもとへ運ばれるのだろう。	農家がおいしい米づくりを続けるためにどのような工夫をしているのだろう。

資料

・土地利用図（図）・月別平均気温・月別日照時間（グラフ）	・作業カレンダー（図）・耕地整理の様子（写真）・農業機械（写真）	・お米が消費者のもとへ届くまでの流れ（図）	・農業試験場の働き（文章）・農業体験の様子（写真）・米粉を使った料理（写真）

まとめ

A 1	A 2	A 3	A 4
南魚沼市の夏は蒸し暑く，昼と夜の気温差が大きい。冬は雪が降り積もり，春には雪解け水が流れてくる。つまり，南魚沼市の自然は米づくりに適しており，農家はそれを生かして米づくりをしている。	農家は，日々水の管理に気をつけている。また，耕地整理や共同で機械を使うことなどをすすめ，つくり方を変えてきた。つまり，農家は，効率よくたくさんの米をつくるための工夫や努力をしている。	お米の運ばれ方には，JAからと政府からと農家から直接の三通りがある。そのことによって，私たちは，好みのお米を安定して買うことができる。	農業試験場で，品種改良を行い農薬に頼らず病気にかかりにくい稲をつくっている。米の消費量を増やすために，農業体験を行ったり，米粉を使った料理をすすめたりしている。つまり，農家はおいしく米を食べてもらえるように，工夫や努力をし続けている。

まとめる

第7時

自分の考え

　米づくりをする農家は，自然条件を生かしながら，おいしい米を効率よくたくさんつくるための工夫や努力をしたり，運輸方法を工夫し，安定して消費者に米を届けたりしている。そのことで，私たちは，日々おいしい米を食べ続けることができている。

2　食料生産

水産業の盛んな地域

| つかむ | 第1時 | 主な漁港の水揚げ量
（分布図） | 給食の献立表
（産地がわかるように） | 焼津港・愛媛県愛南町の
航空写真 |

つかむ

資料

第1時	主な漁港の水揚げ量 （分布図）	給食の献立表 （産地がわかるように）	焼津港・愛媛県愛南町の 航空写真

学習問題
　水産業が盛んな地域では，どのような工夫をして魚をとったり育てたりしているのだろう。

予想

第2時

F1	F2	F3	F4
海がきれいでおいしい魚がとれるところだと思う。	魚のとり方を工夫しているのだと思う。	おいしい魚を育てる工夫をしているのだと思う。	新鮮なまま魚を届ける工夫をしているのだと思う。

調・考

問い

第3時	第4時	第5時	第6時
《地形の条件》 水産業が盛んな地域はどのようなところなのだろう。	《とる漁業》 焼津港で水揚げされるカツオはどのようにとられているのだろう。	《育てる漁業》 愛南町の人々はどのように真鯛を育てているのだろう。	《輸送や加工》 水揚げされた魚はどのようにして届くのだろう。

資料

・地図帳 ・愛南町と焼津（写真） ・漁協の人の話	・カツオ漁の様子 （映像・写真） ・漁師さんの話	・真鯛の養殖の様子 （映像・写真） ・養殖をする人の話	・真鯛の水揚げの様子（写真） ・加工場の様子（写真） ・加工場の人の話 ・交通網（地図）

まとめ

A1	A2	A3	A4
愛南町は入り組んだ入り江，陸からすぐの深い湾，焼津市は太平洋の黒潮に近いなど，魚をとったり育てたりするのに適した環境が整っている。	焼津港に水揚げされるカツオは一本釣りや巻き網漁でとられている。漁師さんたちは魚群探知機を使って，カツオの群れを探しながら何日も移動しながら漁をしている。	愛南町の人々は，地形の利点を生かして安全でおいしい真鯛を安定した値段でいつでも出荷できるように工夫している。	水揚げされた魚は，種類や大きさごとに分けられ，せりにかけられた後，トラックで新鮮なうちに加工工場や日本各地に運ばれている。

まとめる

自分の考え

第7時
　水産業が盛んな地域では，自然環境やとれる魚の種類に合わせて工夫して漁をしている。また，安全でおいしい魚を届けるために，工夫して育てたり加工したりして，新鮮なまま運ぶ努力をしている。つまり，このような取組が私たちの食生活を支えている。

いかす　野菜，果物，畜産物，これからの農業【1時間】

我が国の工業生産
自動車

つかむ	第1時	日本の自動車の生産台数 （グラフ）	自動車の様々な部品 （イラスト）	モーターショーの様子 （映像）

資料	学習問題
	自動車をつくる人々はよりよい製品をたくさんつくるためにどのような工夫や努力をしているのだろう。

第2時

予想	F 1 よい製品をたくさんつくるために，自動車のつくり方に工夫があると思う。	F 2 たくさんある部品一つひとつがよい製品になるようにつくっていると思う。	F 3 もっとよい自動車をつくるために，研究をしていると思う。

調・考	第3時	第4時	第5時
問い	《自動車の生産》 組み立て工場で働く人は，どのように自動車をつくっているのだろう。	《関連工場》 自動車の部品はどこでどのようにつくられているのだろう。	《自動車の開発》 よりよい自動車をつくるためにどのような工夫や努力をしているのだろう。
資料	・組み立て工場 　（写真・地図） ・組み立ての工程（映像） ・組み立て工場で働く人の話	・関連工場の位置（地図） ・シート工場の工程（写真） ・工場で働く人の話	・電気自動車（映像） ・衝突実験，自動ブレーキ（写真） ・自動車会社で働く人の話
まとめ	A 1 組み立て工場では，消費者の注文に合わせて一台一台ちがう車を次々につくっている。組み立てラインの上で作業を分担したり，ロボットを使ったりすることで，よい品質の自動車を正確に効率よくつくっている。	A 2 自動車の部品は近くの関連工場でそれぞれ別々につくられている。関連工場では，組み立て工場からの注文に合わせてよい品質の部品を正確に効率よくつくって届けている。自動車工場と関連工場は1つの工場のように連携している。	A 3 自動車づくりにかかわる人々は，環境に優しくて乗る人や歩行者にも安全な車をつくっている。また，福祉の視点からも誰もが安全に使える車になるように研究をしている。

まとめる	第6時
自分の考え	自動車づくりにかかわる人々は，私たち消費者のニーズに合わせて，一台一台安全で品質のよい自動車を正確につくっている。また，環境や安全にも配慮し，よりよい自動車を開発している。だから私たちは安全で品質のよい自動車を利用することができる。

いかす	金属，化学，食料品，これからの工業【1時間】

調べ・考える

第5時 自動車の開発

⑴ねらい

・これからの自動車に求められる要素を知り，どのような自動車の開発が進められているのか理解する。

⑵本時の展開

		【学習形態】 ○学習活動 ・児童の反応	★指導上の留意点 ■資料（種類）
つかむ	① 5分	【全体】 ○本時のめあてを確認する。 よりよい自動車をつくるためにどのような工夫や努力をしているのだろう。	
調べ・考える	② 30分	【個人→全体】 ○どのような工夫をしているか予想する。 ・安全性を高める工夫をしていると思う。 ・ガソリンをあまり使わない自動車になるように工夫していると思う。 ○環境や安全性を高めるための工夫について資料から調べる。 ・自動車にはエアバックなど事故が起きても大きなけがにつながらないような工夫がある。 ・ガソリンをたくさん使わなくて済む環境に優しい自動車がある。 ○どうしてこのような人や環境に優しい自動車をつくっているのか考える。 ・資源を大切にするため。 ・誰もが安全に使えるようにするため。	★経験や既習を基にクラス全体で話し合う。 ■電気自動車・ハイブリットカーのCM ■衝突実験・自動ブレーキの実験（写真） ■足の不自由な人が運転できる自動車（写真） ■自動車会社で働く人の話（文章）
まとめる	③ 10分	【個人→全体】 ○学習のまとめを書く。 **まとめ** 　自動車づくりにかかわる人々は，環境に優しくて乗る人や歩行者にも安全な車をつくっている。また，福祉の視点からも誰もが安全に使える車になるように研究をしている。 ○自動車づくりにかかわる人の工夫を振り返り，次時のめあてを話し合う。	★終末にこれまでの学習のまとめにふれ，次時につながるようにする。

まとめる

第6時 学習問題に対する自分の考え

(1)ねらい

・自動車づくりにたずさわる人々の努力や工夫を振り返り，その働きを考え表現する。

(2)本時の展開

		【学習形態】 ○学習活動 ・児童の反応	★指導上の留意点 ■資料（種類）
つかむ	① 10分	【全体】 ○本時のめあてを確認する。 これまでの学習を振り返り，学習問題に対する自分の考えを書こう。 ○学習問題を確認する。 ○調べてきたことを振り返る。 ・組み立て工場では，正確に組み立てるように工夫していた。 ・指示ビラで注文通りにつくっていた。	 ★これまでの学習で使った写真などの資料を見返すことで，既習事項を想起させる。 ★第3時の学習を振り返りながら黒板に整理したものをモデルにする。 ■第3時で使用した資料（写真）
考える	② 15分	【個別】 ○第4時と第5時の資料をノートに整理しながら貼り，これまでの学習を振り返る。 【全体】 ○ノートに書き込んだ言葉を確認する。 〔想起させたい言葉〕 ・安全　　・正確　　・協力 ・品質のよい　　・注文どおりに ・環境に優しい	★一単位時間ごとの資料を振り返ることができるよう，黒板に掲示する。 ■第4時から第5時で使用した資料
まとめる	③ 20分	【個別】→【全体】 ○学習問題に対する自分の考えを書く。 学習問題に対する自分の考え 　　自動車づくりにかかわる人々は，私たち消費者のニーズに合わせて，一台一台安全で品質のよい自動車を正確につくっている。また，環境や安全にも配慮し，よりよい自動車を開発している。だから私たちは安全で品質のよい自動車を利用することができる。	★黒板やノートに書きだしたキーワードに注目してまとめを書くようにする。

⑶板書計画

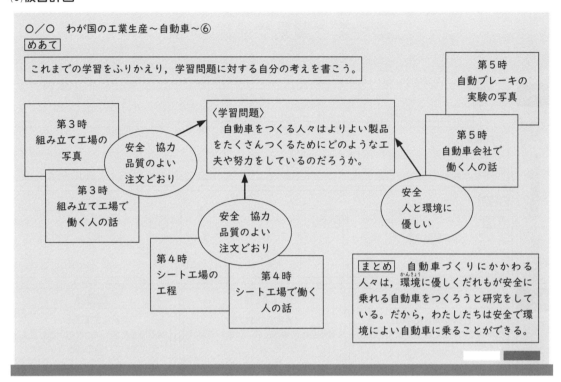

○／○　わが国の工業生産〜自動車〜⑥

めあて

これまでの学習をふりかえり，学習問題に対する自分の考えを書こう。

第3時
組み立て工場の
写真

第3時
組み立て工場で
働く人の話

安全　協力
品質のよい
注文どおり

〈学習問題〉
　自動車をつくる人々はよりよい製品をたくさんつくるためにどのような工夫や努力をしているのだろうか。

安全　協力
品質のよい
注文どおり

第4時
シート工場の
工程

第4時
シート工場で働く
人の話

第5時
自動ブレーキの
実験の写真

第5時
自動車会社で
働く人の話

安全
人と環境に
優しい

まとめ　自動車づくりにかかわる人々は，環境に優しくだれもが安全に乗れる自動車をつくろうと研究をしている。だから，わたしたちは安全で環境によい自動車に乗ることができる。

＼実践者からのメッセージ／

資料の再活用と図の活用

　本実践では，児童一人ひとりが学習問題に対する自分の考えをまとめることができるよう，以下のような活動を行いました。

・小単元の調べる段階で使用した資料を再活用する

・それぞれの取組を図に表す

　資料を再活用することで，児童がこれまでの学習を想起します。さらに，毎時間のまとめで出されたキーワードを整理しながら「組み立て工場」「関連工場」「開発にかかわる施設」それぞれの働きや人々の工夫や努力を図に整理していくことで，視覚的にもこれまでの学習をまとめることができます。学級の実態によっては，個人やグループでこのような活動をするように設定してもよいと思います。

3　工業生産

工業生産と貿易や運輸の働き

つかむ		第1時	海外での日本車の広告 （写真）	日本車の輸出相手国 （地図）	自動車の輸入 （地図）
資料		**学習問題** 日本の輸出や輸入は，どのように行われているのだろう。			

	第2時		
予想	F1 たくさんの国と輸出や輸入をしていると思う。	F2 船や飛行機，自動車など様々な方法で運んでいると思う。	F3 多くの人が輸出や輸入にかかわっていると思う。

調・考	第3時	第4時	第5時
問い	《日本の貿易相手国》 日本はどこの国と輸出や輸入をしているのだろう。	《貿易品の運び方》 貿易品は日本へどのようにして運ばれているのだろう。	《貿易品を運ぶ人々》 貿易品を運ぶ人々はどのような工夫や努力をしているのだろう。
資料	・輸出品と輸出相手国 （地図） ・輸入品と輸入相手国 （地図）	・貿易品を運ぶ輸送手段の割合 （グラフ） ・それぞれの輸送手段の特徴 （文章）	・運搬船の船長の話（動画）
まとめ	A1 日本は機械類，特に自動車を多く輸出している。輸出額は世界でもトップクラスである。輸入は工業製品の原料や燃料が多いが，近年は機械類も多く輸入している。世界の国々と貿易を維持していくためには，輸出と輸入のバランスが大切である。	A2 貿易品は主にコンテナ船で運ばれている。他にも精密機器など飛行機で運ばれているものもある。港からは自動車や鉄道で運ばれ，私たちのもとへ届いている。	A3 たくさんのものを積むために隙間なくものを詰めて搬入している。船が港へ入るときや出るときは全員で協力し，航海中は交替で働き，異常がないか点検している。確実にものを届けるために細心の注意をはらって業務にあたっている。

まとめる	第6時	
自分の考え	日本の輸出は主に機械類が多く，輸入は工業製品の原料が多い。飛行機や鉄道，船や自動車の特徴を生かして貿易品を運んでいる。特に船での輸送が大部分を占め，確実に相手に届けるために乗組員など働く人が連携して仕事をしている。輸出や輸入が円滑に行われることにより，日本の工業や私たちの生活が支えられている。	

調べ・考える
第4時 貿易品の運び方

(1)ねらい
・貿易品はどのように日本へ運ばれているのか理解できる。

(2)本時の展開

		【学習形態】 ○学習活動 ・児童の反応	★指導上の留意点 ■資料（種類）
つかむ	① 5分	【全体】 ○本時のめあてを確認する。 貿易品は日本へどのようにして運ばれているのだろう。	
調べ・考える	② 30分	【個別】→【全体】 ○鉄道・自動車・船・飛行機のそれぞれのよさについて調べる。 ・船はたくさんのものを一気に運べる。 ・飛行機は量は少ないけど，早く運べる。 ・自動車は目的地まで運べる。 ○外国と品物をやりとりするときの手段について調べる。 ・外国とやりとりするときには99.6%は船で輸送している。 ・日本は海に囲まれているから，船と飛行機しか輸送手段がない。 ○船員について疑問を考える。 ・何人くらい乗っているのかな。 ・どんなことに気をつけて運んでいるのかな。	■それぞれの輸送手段の特徴 ★それぞれの輸送手段のよい点，問題点に気づかせる。 ■貿易品を運ぶ輸送手段の割合
まとめる	③ 10分	【個別】→【全体】 ○学習のまとめを書く。 まとめ 　貿易品は主にコンテナ船で運ばれている。他にも精密機器など飛行機で運ばれているものもある。港からは自動車や鉄道で運ばれ，私たちのもとへ届いている。 ○学習計画を基に，次時のめあてを確認する。	★船員の仕事についての疑問を，次時に直接話を伺うことで考えていくことを伝える。

第6時 学習問題に対する自分の考え

(1)ねらい

・日本の工業における運輸や貿易の重要性について，調べてきたことを表現する。

(2)本時の展開

		【学習形態】 ○学習活動 ・児童の反応	★指導上の留意点 ■資料（種類）
つかむ	① 5分	【個別】 ○本時のめあてを確認する。 学習問題に対する自分の考えを書こう。 ○学習問題を確認する。 ○調べてきたことを振り返る。 ・自動車を多く輸出している。 ・原料や燃料，機械類を多く輸入している。 ・輸送手段は主に船である。 ・多くの人がかかわって確実に貿易品を届けている。	 ■一単位時間ごとの学習のまとめ（文章） ★調べてきたことを振り返るために，一単位時間のまとめを，学習した順に貼る。
考える	② 15分	【個別】 ○もし船の輸送が止まってしまったら，工業にどのような影響を与えるのか話し合う。 ・日本のものしかなくなってしまう。 ・原料や燃料がなければ工業製品がつくれない。 ・つくった製品も外国に輸出することができない。 【全体】 ○意見を交換する。	■船長さんの話（運輸が止まってしまったときに起こること） ★輸送が止まってしまったことを想起させることで，工業と運輸のつながりについて，必要不可欠なものであることを気づかせる。
まとめる	③ 25分	【全体】 ○学習問題に対する自分の考えを書く。 **学習問題に対する自分の考え** 　日本の輸出は主に機械類が多く，輸入は工業製品の原料が多い。飛行機や鉄道，船や自動車の特徴を生かして貿易品を運んでいる。特に船での輸送が大部分を占め，確実に相手に届けるために乗組員など働く人が連携して仕事をしている。輸出や輸入が円滑に行われることにより，日本の工業や私たちの生活が支えられている。	

(3)板書計画

○／○　工業生産と貿易や運輸の働き⑥

めあて

学習問題に対する自分の考えを書こう。

〈学習問題〉
　日本の輸出や輸入は，どのように行われているのだろう。

日本は機械類，特に自動車を多く輸出している。輸入は工業製品の原料や燃料が多いが，近年は機械類も多く輸入している。輸出と輸入のバランスが大切である。	貿易品は主にコンテナ船で運ばれている。他にも精密機器など飛行機で運ばれているものもある。港からは自動車や鉄道で運ばれ，私たちのもとへ届いている。	船が港へ入るときや出るときは全員で協力し，航海中は交たいで働き，異常がないか点検している。確実にものをとどけるために細心の注意をはらって業務にあたっている。	もし船の輸送が止まってしまったら，日本の工業にどのような影響があるだろう。
			・日本のものしかなくなってしまう。 ・原料や燃料がなければ工業製品がつくれない。 ・つくった製品も外国に輸出することができない。
			学習問題に対する自分の考えを書く視点

\実践者からのメッセージ/
ゲストティーチャーとのつながり

　本実践では，実際に貿易船の船長をしている方をゲストティーチャーとして映像で出演していただいています。オファーに躊躇してしまうところではありますが，勇気を出して関係機関に連絡をとってみると，意外と喜んで取材させていただける場合が多いものです。ただし，どんな内容が知りたいのか，どんな授業をしていきたいのか，明確な指導観を授業者がもっていることが前提になります。

　一度つながった方とは，その後もつながっていけるとよいでしょう。イベントに参加するなど，機会を見つけてかかわり続けると，また次年度もお世話になったり，それがその学校の特色ある教育活動の一環となったりするでしょう。ぜひ身近なところから，少し遠くのところにも，臆せずたくさんの方とつながるようにしていきたいものです。

4 産業と情報

放送，新聞などの産業
放送

つかむ			
資料	第1時 ニュース番組のテレビ画面（写真）	取材をしている様子（写真）	緊急報道の流れ（図）

学習問題
放送局ではどのようにして番組をつくり，私たちに情報を伝えているのだろう。

予想	第2時		
	F1 放送で流す内容を取材しているのだと思う。	F2 原稿や映像をつくっている人がたくさんいると思う。	F3 正確な情報が届かないと私たちの生活で困ることが出てくると思う。

調・考

	第3時	第4時	第5時
問い	《放送局の仕事》放送局ではどのように取材をして番組をつくっているのだろう。	《放送局で働く人々》放送局で働く人はどのような仕事をしているのだろう。	《情報を生かす》私たちは情報を生活の中にどのように生かしていけばいいのだろう。
資料	・取材をしている様子（写真）・ニュース番組をつくる人の話（動画）	・ニュース番組ができるまで（図）・アナウンサーの話（動画）	・東日本大震災の記事（新聞）・東日本大地震の報道の様子（写真）
まとめ	A1 ニュース番組をつくるために，100人以上の人が何日もかけて取材をしている。また，外国からもインターネットなどを通じて毎日500本以上のニュースが入ってくる。取材をするときには，人権や相手の立場を考えて行っている。	A2 ニュース番組ができるまでには，取材，原稿の作成，映像の編集など多くの人が協力している。私たちがテレビで見ているアナウンサーも仕事の1つである。地震などすぐに伝える必要のあることもあるので，取材する人やカメラマンはより速く，正確に情報を集めるように努力している。	A3 新聞やテレビ，インターネットなど私たちには色々なものから情報が入ってくる。その情報が正しいものか，自分に必要なものかを判断し，情報を選んで生活をしていくことが大切である。

まとめる

自分の考え	第6時 放送局では速く，正確な情報を伝えるために多くの人が働いている。取材を行ったり，インターネットから得られる情報を選んだりする他に，映像を編集したり原稿を編集したりする仕事もある。夜中も交替で働き，いつでも正確な情報を伝えられるようにしている。私たちはこうして発信される情報を上手に生かすことが大切である。

深める 新聞【1時間】

4　産業と情報

放送，新聞などの産業
新聞

つかむ	第1時	暮らしの中の情報 （絵）	新聞の記事 （新聞）	1日の新聞発行部数 （図）

資料	**学習問題** 　新聞社は，たくさんの情報をどのように集め，整理し，私たちに届けているのだろう。

第2時

予想	F 1 現場に行って取材したり，警察と連携したりして情報を集めていると思う。	F 2 伝えたい情報を選んでいると思う。	F 3 わかりやすく伝えるために工夫して記事を書いていると思う。

調・考

	第3時	第4時	第5時
問い	《情報の収集》 どのようにたくさんの情報を集めているのだろう。	《情報の選択》 どのように情報を選んでいるのだろう。	《情報の加工・整理》 どのように新聞記事を書いているのだろう。
資料	・新聞記事 ・取材の様子（写真）	・編集会議（写真）	・記事作成（写真） ・校閲の様子（写真）
まとめ	A 1 新聞記者が現場に行って取材したり，カメラマンが写真や動画を撮影したり，町でアンケート調査をしたり，インターネットを使って調べたりして，たくさんの情報を集めている。また，いつでも，取材に行けるようにしている。つまり，新聞記者やカメラマンが，現場に行き取材をし，たくさんの情報を集めている。また，より早く情報を伝えるために準備もしている。	A 2 新聞社の人々が編集会議を行い，集められたたくさんの情報を整理し，どの情報をどのように伝えるか考えている。つまり，新聞社の人がたくさんある情報を整理している。	A 3 新聞を書く人が，誰でもわかるように，情報を整理して新聞記事を書いている。また，情報が正しいか書かれている内容が間違っていないかチェックもしている。つまり，新聞を書く人が，わかりやすく新聞記事を書き，間違いがないか記事の内容もチェックしている。

まとめる

自分の考え	**第6時** 　新聞社で働く人々は，現場に取材に行ったり，アンケート調査をしたりして，たくさんの情報を集め，情報を整理しながら新聞を書き，国民に早くわかりやすく届けている。つまり，情報を伝える人は，たくさんの情報を集め，整理し，いろいろな方法で正確に早くわかりやすく届けている。それによって，私たちは，必要な情報を早く収集することができる。

いかす	放送【1時間】

4　産業と情報

情報や情報通信技術を活用する産業
外食産業

つかむ		
資料	**第1時** 新メニュー，クーポン，レストラン（写真）　｜　レストランの売り上げと情報（新聞）　｜　もうけの秘密（文章）	

学習問題
　ファミリーレストランは，どのような情報を集め，どのように活用して，売り上げを上げているのだろう。

予想

第2時

F1	F2	F3
年齢，性別，人気メニュー，値段などの情報を集めていると思う。	お客さんにクーポン（スマホ，紙）を配っていると思う。	お客さんがいつでも食べられるように食材を準備していると思う。

調・考

	第3時	第4時	第5時
問い	《情報の種類》どのような情報を集めているのだろう。	《活用①アプリ》情報を活用して，どのようにクーポンを送っているのだろう。	《活用②食材発注》情報を活用して，どのように食材を注文しているのだろう。
資料	・ハンディ機（画像） ・ポイントカード（写真） ・いろいろな情報（図）	・クーポン（画像） ・クーポンの秘密（図） ・売り上げと情報（図）	・食材発注システム（図） ・食品ロス（写真）
まとめ	A1 ファミリーレストランは，インターネットを使いポイントカードやスマートフォンからお客さんの年齢，性別，好きなメニューなどの情報を集めている。つまり，外食産業は，インターネットを使って正確な情報を速くたくさん集めている。	A2 ファミリーレストランでは，集めた情報を活用してスマートフォンアプリでクーポンを送っている。クーポンは，そのお客さんのニーズに合わせて送られている。つまり，外食産業は，情報を活用して，お客さんのニーズに合わせてクーポンを送り，売り上げを上げている。それによって，私たちは，送られてきた情報を選んで使うことができる。	A3 ファミリーレストランでは，集めた情報を活用して食材発注をしている。食材の発注量は，情報を基に決めている。つまり，外食産業は，情報を活用して，お客さんのニーズに合わせて食材を発注している。それによって，いつでも食事ができ，ごみも減るので，環境にもよい。

まとめる

第6時

自分の考え
　ファミリーレストランでは，インターネットでお客の好みなどのビッグデータを素早く集め，お客のニーズに合ったクーポンを配信したり，食材の発注する量を決めたりしている。つまり，外食産業は，インターネットとビッグデータを使い，サービスを向上させたり，環境によいことをしたりして，売り上げを伸ばしている。だから，私たちはいつでもどこでも便利でよりよい生活ができる。

いかす	販売，運輸，観光，医療，福祉など【1時間】

つかむ

第2時 学習計画

(1)ねらい

・学習問題の予想を考え，学習計画を立てる。

(2)本時の展開

		【学習形態】 ○学習活動　・児童の反応	★指導上の留意点　■資料（種類）
つかむ	① 5分	【全体】 ○本時のめあてを確認する。 学習問題の予想を考え，学習計画を立てよう。 ○学習問題を確認する。 **学習問題** 　ファミリーレストランは，どのような情報を集め，どのように活用して，売り上げを上げているのだろう。	
計画する	② 40分	【個別】→【全体】 ○学習問題の予想から，学習計画を立てる。 ①年齢，性別，人気メニュー，他店の様子，値段などの情報を集めていると思う。 　→ 第3時 情報の種類 ②お客さんにクーポン（スマホ，紙）を配っていると思う。 　→ 第4時 活用①アプリ ③お客さんがいつでも食べられるように食材を準備していると思う。 　→ 第5時 活用②食材発注 ○学習計画を基に，次時のめあてを確認する。 どのような情報を集めているのだろう。	★児童の学習問題に対する予想と学習計画をリンクさせ，主体的な学びができるようにする。 ■新メニュー（写真） ■レストラン（写真） ■クーポン（写真）

まとめる

第6時 学習問題に対する自分の考え

(1)ねらい

・情報を活用した産業の変化や発展と人々の生活の利便性の向上を関連づけて，情報を生かして発展する産業が国民生活に果たす役割を考え，関係図に表現する。

・大量の情報や情報通信技術の活用が様々な産業を発展させ，国民生活を向上させていることを理解する。

(2)本時の展開

		【学習形態】 ○学習活動 ・児童の反応	★指導上の留意点 ■資料（種類）
つかむ	1 5分	【全体】 ○本時のめあてを確認する。 　関係図をつくり，学習問題に対する自分の考えを書こう。 ○学習問題を確認する。 ○調べてきたことを振り返る。 ・客の年齢，性別，好きなメニューなどの情報を集めている。 ・客のニーズに合わせてクーポンを送っている。つまり，いつでも安く食事ができる。 ・客のニーズに合わせて食材を注文している。つまりいつでも食事ができ，環境にもよい。	★関係図を作成することで，学習問題を解決しようという意欲を高める。 ■一単位時間ごとの学習のまとめ（文章） ★調べてきたことを振り返るために，一単位時間のまとめを，学習した順に貼る。
考える	2 20分	【個別】 ○一単位時間のまとめの付箋と付箋を，線や矢印で結び，その理由などを書く。 〔関係図で関連づけさせたい言葉〕 ・インターネット　・ビッグデータ　・便利 ・すばやく　・ニーズ　・サービス　・環境 【全体】 ○関係図に書き込んだ記号や言葉を確認する。	★一単位時間の最後に付箋にまとめを書いて貼っておき，付箋と付箋の関係を書き入れる。 《関係図で用いる記号》 →　原因と結果，時の流れ ⇔　反対　　―　関係がある
まとめる	3 20分	【個別】→【全体】 ○学習問題に対する自分の考えを書く。 学習問題に対する自分の考え 　ファミリーレストランでは，インターネットでお客の好みなどのビッグデータを素早く集め，お客のニーズに合ったクーポンを配信したり，食材の発注する量を決めたりしている。つまり，外食産業は，インターネットとビッグデータを使い，サービスを向上させたり，環境によいことをしたりして，売り上げを伸ばしている。だから，私たちはいつでもどこでも便利でよりよい生活ができる。	★結んだ線やその理由，考えた意味に注目させ，まとめを書かせる。

⑶板書計画

○／○　情報や情報通信技術を活用する産業～外食産業～⑥

めあて
関係図をつくり，学習問題に対する自分の考えを書こう。

〈学習問題〉
　ファミリーレストランは，どのような情報を集め，どのように活用して，売り上げを上げているのだろう。

| 《前小単元》 新聞社で働く人は，現場に取材に行ったり，アンケート調査をしたりして，たくさんの情報を集め，情報を整理しながら新聞を書き，国民に早くわかりやすくとどけている。つまり，情報を伝える人は，たくさんの情報を集め，整理し，いろいろな方法で正確に早くわかりやすくとどけている。それによって，私たちは，必要な情報を早く集めることができる。 | ③種類 ファミリーレストランは，インターネットを使いポイントカードやスマートフォンからお客さんの年れい，性別，好きなメニューなどの情報を集めている。つまり，外食産業は，インターネットを使って正確な情報を速くたくさん集めている。 | ④クーポン ファミリーレストランでは，集めた情報を活用してスマートフォンアプリでクーポンを送っている。クーポンは，そのお客さんのニーズに合わせて送られている。つまり，外食産業は，情報を活用して，お客さんのニーズに合わせてクーポンを送り，売り上げを上げている。それによって，私たちは，いつでも安く食事ができる。 | ⑤発注 ファミリーレストランでは，集めた情報を活用して食材発注をしている。食材の発注量は，情報をもとに決めている。つまり，外食産業は，情報を活用して，お客さんのニーズに合わせて食材を発注している。それによって，いつでも食事ができ，ごみも減るので，かんきょうにもよい。 | 関係図作成のルール① 関係図作成のルール② |

\実践者からのメッセージ/

取材の際の心構え

　新しい教材を開発するためには，取材がとても大切です。まず，私たちがしっかりと教材を学ばなければいけません。取材をするときには，取材先にアポイントをとる必要がありますが，チームで教材を開発する場合でも，取材先との窓口は一本化するべきです（取材先に迷惑がかからないように）。

　取材に出かける際は，たくさんの情報を記録します。また，授業計画をイメージしながら取材に出かけることによって，取材したことがより効果的に授業に生かされます。

　取材先では，名刺の交換なども行われるので，あらかじめ名刺を作成しておきましょう。また，忙しい中取材を引き受けてくださった取材先の皆様に感謝の気持ちをきちんと伝え，後日，授業の様子などを報告することも忘れずに行いたいところです。

4　産業と情報

情報や情報通信技術を活用する産業
運輸

つかむ		

資料

第1時

家に届く荷物 （写真）	不在伝票 （写真）	宅配便で荷物が届くまで （イラスト）

学習問題
　宅配便で荷物が届くまでに，情報はどのように使われているのだろう。

予想

第2時

F1 運転手が，道や荷物の情報を得ていると思う。	F2 倉庫で荷物の管理をしていると思う。	F3 利用者は，荷物を受け取る時間や場所を決めていると思う。

調・考

問い

第3時	第4時	第5時
《運輸の情報活用》 どんな情報を活用して，物を運んでいるのだろう。	**《倉庫との連携》** 荷物を保管する倉庫では，情報をどのように活用しているのだろう。	**《利用者の情報活用》** 利用者は，どのように情報を活用しているのだろう。

資料

・安全・エコナビゲーションシステムの車載器（写真） ・安全・エコナビゲーションシステムの解説（映像）	・集荷倉庫の様子（写真） ・倉庫内のライン（映像） ・入庫と出庫の工夫（文字）	・不在伝票（写真） ・インターネットでの荷物確認画面（写真）

まとめ

A1 宅配をする人たちは，車載器に登録された情報や本部からの情報により，交通情報や位置情報を得ている。また，情報を更新することで，今後の輸送に役立てている。つまり，安全で正確に荷物を運ぶための情報を活用している。	A2 倉庫の中では，荷物についたバーコードを読み取り，自動で届け先別に荷物を仕分けしている。倉庫に入荷するときや，出荷するときもバーコードを読み取り，仕分けしている。つまり，効率的に荷物を仕分けし，素早く運ぶために情報を活用している。	A3 利用者は，インターネットから集荷依頼をしたり，希望する配達日時の入力をしたりすることができる。また，荷物の配達状況を確認することができる。つまり，利用者の希望に合った荷物の配送をしてもらうために，情報を活用している。

まとめる

自分の考え

第6時

　情報は，荷物を運ぶ人たちに位置情報や交通情報を伝えたり，倉庫の荷物の仕分けに活用されたりしている。利用者は，インターネットを通し，配達日時を希望し，現在の荷物の状況を確認することができる。つまり，情報は，効率よく安全で正確に荷物を届けられるようにすることで，私たちの暮らしを便利にしている。

いかす　販売，運輸，観光，医療，福祉など【1時間】

つかむ
第1時 学習問題づくり

(1)ねらい

・運送会社で働く人々が，私たちに荷物を届けるまでの過程に関心をもち，学習問題をつくる。

(2)本時の展開

		【学習形態】 ○学習活動 ・児童の反応	★指導上の留意点 ■資料（種類）
つかむ	① 5分	【全体】 ○宅配便と情報の関係性に気づく。 ・不在伝票に色んな番号が載っている。 ・電話やインターネットで再配達を依頼できる。	★身近な話題として捉えるために，日常的に目にすることが多い不在伝票を活用する。 ■不在伝票（写真）
つかむ		宅配便が届くまでに，どんなところで情報が使われているのだろう。	
つくる	② 30分	【個別】→【全体】 ○宅配便が届くまでにどのような場所に行くのか資料から読み取る。 ・荷物を預けている。 ・集配車が運んでいる。 ・荷物が集められる倉庫がある。 ・倉庫で仕分けされている。 ・送り先に届いた。 ○宅配便と情報の活用で調べたいことを考え，学習問題を立てる。 ・宅配便を運ぶ人はどのような情報を使っているのだろう。 ・荷物を仕分けする倉庫ではどのような情報を使っているのだろう。 ・私たちは，宅配便を運ぶ人たちからどのような情報を得られるのだろう。	★追究の視点につながるように，荷物を取り扱うそれぞれの場所の補足説明をする。 ■宅配便が届くまで（イラスト）
つくる		学習問題 　宅配便で荷物が届くまでに，情報はどのように使われているのだろう。	
まとめる	③ 10分	【個別】→【全体】 ○学習のまとめを書く。	★単元の見通しをもつために，次時で学習計画を立てることを確認する。
まとめる		まとめ 　宅配便を届ける人がどのようにして情報を使っているのか知りたい。	

まとめる

第6時 学習問題に対する自分の考え

(1)ねらい

・運輸にかかわる情報の働きについて調べたことを，国民生活を関連づけて考え，表現する。

・情報の活用は国民生活の向上を図るために大切な働きをしていることを理解する。

(2)本時の展開

		【学習形態】 ○学習活動 ・児童の反応	★指導上の留意点 ■資料（種類）
つかむ	① 5分	【全体】 ○本時のめあてを確認する。 関係図をつくり，学習問題に対する自分の考えを書こう。 ○学習問題を確認する。 ○調べてきたことを振り返る。 ・宅配をする人たちは，車載器に登録された情報や本部からの情報により，交通情報や位置情報を得ている。また，情報を更新することで，今後の輸送に役立てている。 ・倉庫の中では，荷物についたバーコードを読み取り，自動で届け先別に荷物を仕分けしている。倉庫に入荷するときや，出荷するときもバーコードを読み取り，仕分けしている。 ・利用者は，インターネットから集荷依頼をしたり，希望する配達日時の入力をしたりすることができる。また，荷物の配達状況を確認することができる。	★関係図を作成することで，学習問題を解決しようという意欲を高める。 ■一単位時間ごとの学習のまとめ（文章） ★調べてきたことを振り返るために，一単位時間のまとめを，学習した順に貼る。
考える	② 20分	【個別】 ○一単位時間のまとめの付箋と付箋を，線や矢印で結び，その理由などを書く。 〔関係図で関連づけさせたい言葉〕 ・安全　・正確　・効率的　・便利 【全体】 ○関係図に書き込んだ記号や言葉を確認する。	★一単位時間の最後に付箋にまとめを書いて貼っておき，付箋と付箋の関係を書き入れる。 《関係図で用いる記号》 →　原因と結果，時の流れ ⇔　反対　　　—　関係がある
まとめる	③ 20分	【個別】→【全体】 ○学習問題に対する自分の考えを書く。 学習問題に対する自分の考え 　情報は，荷物を運ぶ人たちに位置情報や交通情報を伝えたり，倉庫の荷物の仕分けに活用されたりしている。利用者は，インターネットを通し，配達日時を希望し，現在の荷物の状況を確認することができる。つまり，情報は，効率よく安全で正確に荷物を届けられるようにすることで，私たちの暮らしを便利にしている。	★結んだ線やその理由，考えた意味に注目させ，まとめを書かせる。

(3)板書計画

○／○　情報や情報通信技術を活用する産業〜運輸〜⑥

| めあて |

関係図をつくり，学習問題に対する自分の考えを書こう。

〈学習問題〉
　たく配便で荷物がとどくまでに，情報はどのように使われているのだろう。

③運輸	④倉庫	⑤利用者	
たく配をする人たちは，車さい器に登録された情報や本部からの情報により，交通情報や位置情報を得ている。また，情報を更新することで，今後の輸送に役立てている。つまり，安全で正確に荷物を運ぶための情報を活用している。	倉庫の中では，荷物についたバーコードを読み取り，自動でとどけ先別に荷物を仕分けしている。倉庫に入荷するときや，出荷するときもバーコードを読み取り，仕分けしている。つまり，効率的に荷物を仕分けし，素早く運ぶために情報を活用している。	利用者は，インターネットから集荷いらいをしたり，希望する配達日時の入力をしたりすることができる。また，荷物の配達状きょうを確認することができる。つまり，利用者の希望に合った荷物の配送をしてもらうために，情報を活用している。	関係図作成のルール① 関係図作成のルール②

＼ 実践者からのメッセージ ／

運輸と情報とのかかわり

　本単元は新学習指導要領解説の５年内容(4)ア(イ)とイ(イ)に記されているもので，新単元としての扱いとなっています。授業デザイン図の作成にあたり，情報通信技術の活用は，産業を発展させ，私たちの生活を向上させていることを理解するための単元構成としました。選択単元となるうちの「運輸業」を教材としています。追究の視点として，「どのような情報を集めているのか」「どのように情報活用しているのか」という問いを，「輸送」「倉庫」「利用者」の３つの立場から学べるように構成しました。情報がどのように活用されるかを捉えるためには，まずどこで活用させているか知る必要があると考え，導入で，「荷物が届くまで」を資料として設定しています。単元末のまとめでは，学習したことを関連づけることで，安全で正確に，効率よく運ぶ産業側の発展と，便利さが増す利用者（国民）の生活の向上につなげていくことが大切だと考えます。

5　自然環境

自然災害から暮らしを守る

つかむ

資料

予想

第1時		
東日本大震災の写真 （写真）	近年起きた自然災害 （年表）	様々な自然災害 （写真）

学習問題
　自然災害から私たちの暮らしを守るために，だれが，どのようなことをしているのだろう。

第2時

F1	F2	F3
地震に対して国や都道府県が何か対策をしていると思う。	台風や大雪に対して国や都道府県が何か対策をしていると思う。	噴火に対して国や都道府県が何か対策をしていると思う。

調・考

問い

資料

まとめ

第3時	第4時	第5時
《地震》 地震に対して国や都道府県はどのような対策をしているのだろう。	《台風や大雪》 台風や大雪に対して国や都道府県はどのような対策をしているのだろう。	《噴火》 噴火に対して国や都道府県はどのような対策をしているのだろう。
・ハザードマップ（図） ・率先避難者たれ（文章） ・避難の様子（写真）	・首都圏外郭放水路（写真） ・河川防災ステーション（写真） ・防風林，防雪林（写真）	・ハザードマップ（図） ・自衛隊の働き（写真） ・火山灰の被害（文章・図）
A1 地震に対して，自治体ごとに対策をパンフレットにしたり，マップにしたりして人々に対策を伝えている。また学校や自治体で避難訓練を行って，地震のときにどのように避難すればいいのかを確認している。国は自衛隊を発動して国民の安全を守っている。	A2 台風などの大雨に対して，国は大規模な放水路や防災ステーションをつくって国民の安全を守っている。また，自治体ごとに防風林や防雪林を計画的に植えたり，協力して被害が大きくならないように防災活動を行ったりしている。	A3 火山に対して，自治体ごとにハザードマップを出して危険なところを伝えている。土石流だけでなく火山灰や火山ガスによる被害も多く出るので，そのための対策の方法も国や都道府県がホームページやパンフレットで伝えている。

まとめる

自分の考え

第6時

　自然災害に対して，国や都道府県は被害が大きくならないように，施設をつくったり，パンフレットなどをつくったりしている。また，区市町村や町会などでも避難訓練を行うなどの対策をしている。自分たちでも食料の準備や避難場所の確認など，常に対策をしておくことが大切である。

5　自然環境

私たちの暮らしと森林の働き

つかむ	
資料	**第1時**　世界各国の国土にしめる森林の割合（グラフ）　／　天然林と人工林（写真）　／　日本の土地利用（図・グラフ） **学習問題** 　私たちの暮らしと，森林はどのようにかかわっているのだろう。

第1時

世界各国の国土にしめる森林の割合 （グラフ）	天然林と人工林 （写真）	日本の土地利用 （図・グラフ）

学習問題
　私たちの暮らしと，森林はどのようにかかわっているのだろう。

第2時

予想	F1 自然の森林と人が手を加えた森林があると思う。	F2 木を切ったり育てたりする人がいると思う。	F3 企業や区市町村が森林を守るために何かをしていると思う。

調・考

	第3時	第4時	第5時
問い	《天然林と人工林》 森林にはどのような種類があるのだろう。	《林業を営む人々》 林業はどんな産業で，働く人はどのような工夫や努力をしているのだろう。	《企業や区市町村の森林を守る取組》 森林を守ったり生かしたりするために，企業や市区町村はどのような取組をしているのだろう。
資料	・天然林と人工林（写真） ・日本の天然林と人工林の割合（グラフ） ・森林の働き（図・文章）	・人工林の始め～切り出しまで（写真） ・林業で働く人の変化（グラフ）	・日本の森林資源量の変化（グラフ） ・木を使った製品（写真） ・森林管理局の方の話（文章）
まとめ	A1 日本は世界に比べて森林がしめる面積が多い。天然林と人工林では人工林の方が多く，森林を守るために多くの人々が工夫や努力を重ねている。森林には空気をきれいにしたり，きれいな水を生み出したりするなど，私たちの暮らしに欠かせない働きがある。	A2 苗木を植えて育て，その木を切って売る林業は，現在は働く人が少なくなってきており，森林の手入れが行き届かなくなってきている。よい木を育てるために，長い時間をかけて様々な手順を踏んでいる。	A3 日本の森林資源の量は計画的な伐採や植林によって増加している。様々な人の努力により，森林は守られ，木を使った製品や，木が原料である紙を使った製品が多くつくられ，私たちの生活を支えている。

まとめる

第6時	
自分の考え	私たちの暮らしには木を使った製品が多くあり，森林もたくさんある。森林を育てたり守ったり，森林資源を生かしたりする人がいて，私たちの暮らしを支えている。

5　自然環境

公害の防止と生活環境
大気汚染（北九州）

つかむ	第1時	さまざまな公害 （図）	1960年の洞海湾 （写真）	現在の洞海湾 （写真）

資料

学習問題
環境を守るために，だれがどのような取組をしているのだろう。

予想

第2時		
F1 市，工場，市民で町をきれいにしたと思う。	F2 市民が環境を汚さないように努力したと思う。	F3 きまりをつくったと思う。

調・考

問い

第3時	第4時	第5時
《きれいにする取組》 どのようにまちをきれいにしたのだろう。	《市や市民の取組》 どのように市や市民は環境を守る取組をしているのだろう。	《国の取組》 どのように国は環境を守る取組をしているのだろう。

資料

・北九州市の環境への取組 ・北九州市　環境副読本 　（市民・市・工場の取組） 　（公害を克服したまち）	・北九州市　環境副読本 　（まち美化条例） ・北九州エコタウン事業 ・市役所の人の話	・国のきまり（文章）

まとめ

A1 町をきれいにしようと住民運動が始まり，工場や北九州市も町をきれいにする取組をやり，北九州市の環境はよくなった。つまり，住民，工場，市が協力しながら努力し，環境がよくなった。	A2 北九州市は，環境ミュージアムをつくり，市民が環境について学べるようにした。また，クリーン活動を企画し，市民が取り組めるようにしている。つまり，市と市民が協力して，環境を守る取組をしている。	A3 国は，環境基本法などのきまりをつくり，環境を守ることや公害に対する考え方を示し，環境を守っている。つまり，市だけでなく国も環境を守る取組をしている。

まとめる

自分の考え

第6時
北九州では，市，工場，市民が協力して住民運動や工場の見直しを実施することで，まちの環境がよくなった。また，北九州市が環境ミュージアムをつくり，市民が環境について学べるようにした。市民がクリーン活動に参加することを通して，環境を守る取組を行った。市だけでなく，国も環境に関するきまりをつくり，環境を守る取組をしている。つまり，いろいろな人の協力や努力によって，私たち日本の環境は守り続けられている。

いかす	森林，環境【1時間】

Chapter4
第6学年の授業デザイン例

第6学年の年間指導計画

		単元名			学習過程	学習内容
1		学年のはじまり				学習ガイド，ノートの書き方
2		オリエンテーション				日本の政治
3				1	調べ・考える①	基本的人権
4			憲法と私たちの暮らし	2	調べ・考える②	国民主権
5				3	調べ・考える③	平和主義
6	1	憲法と私たちの暮らし		4	調べ・考える④	国会
7	政治の働き⑮	【7時間】		5	調べ・考える⑤	内閣
8				6	調べ・考える⑥	裁判所
9				7	確かめる	テスト
10				1	つかむ①	学習問題づくり
11				2	つかむ②	学習計画
12		国や地方公共団体の政治		3	調べ・考える①	市役所
13		子育て支援		4	調べ・考える②	市議会
14		【7時間】		5	調べ・考える③	税金
15				6	まとめる	学習問題に対する自分の考え
16				7	確かめる	テスト
17		オリエンテーション				日本の歴史
18				1	つかむ①	学習問題づくり
19				2	つかむ②	学習計画
20	2	縄文の世から古墳時代へ		3	調べ・考える①	米づくり
21	歴史⑺	【7時間】		4	調べ・考える②	古墳
22				5	調べ・考える③	大和朝廷
23				6	まとめる	学習問題に対する自分の考え
24				7	確かめる	テスト
25		天皇中心の国づくり		1	つかむ	学習問題づくり，学習計画
26				2	調べ・考える①	聖徳太子

27	【6時間】	3	調べ・考える②	聖徳太子の死後
28		4	調べ・考える③	大仏づくり
29		5	調べ・考える④	大陸との交流
30		6	まとめる	学習問題に対する自分の考え
31	貴族の暮らし	1	調べ・考える①	貴族の暮らし
32		2	調べ・考える②	
33	【4時間】	3	調べ・考える③	
34		4	確かめる	テスト
35	武士による政治の始まり	1	つかむ	学習問題づくり，学習計画
36		2	調べ・考える①	源平の戦い
37		3	調べ・考える②	源頼朝
38	【6時間】	4	調べ・考える③	御恩と奉公
39		5	調べ・考える④	元との戦い
40		6	まとめる	学習問題に対する自分の考え
41	室町文化	1	調べ・考える①	水墨画，茶の湯，生け花
42		2	調べ・考える②	
43		3	調べ・考える③	田楽，猿楽，能，狂言
44	【5時間】	4	調べ・考える④	室町文化の広がり
45		5	確かめる	テスト
46	戦国の世から天下統一へ	1	つかむ	学習問題づくり，学習計画
47		2	調べ・考える①	織田信長の戦いと政治
48		3	調べ・考える②	豊臣秀吉が進めた政治
49	【5時間】	4	まとめる	学習問題に対する自分の考え
50		5	確かめる	テスト
51	武士の政治の安定	1	つかむ	学習問題づくり，学習計画
52		2	調べ・考える①	徳川家光
53		3	調べ・考える②	身分制
54	【5時間】	4	調べ・考える③	鎖国
55		5	まとめる	学習問題に対する自分の考え

56	町人文化 【5時間】	1	調べ・考える①	歌舞伎や浮世絵
57		2	調べ・考える②	杉田玄白，伊能忠敬
58		3	調べ・考える③	国学
59		4	調べ・考える④	
60		5	確かめる	テスト
61	明治の国づくり 【7時間】	1	つかむ	学習問題づくり，学習計画
62		2	調べ・考える①	江戸から明治へ
63		3	調べ・考える②	政治や社会の仕組み
64		4	調べ・考える③	強い国づくり
65		5	調べ・考える④	文明開化
66		6	まとめる	学習問題に対する自分の考え
67		7	確かめる	テスト
68	国際社会へ歩み出す日本 【7時間】	1	つかむ	学習問題づくり，学習計画
69		2	調べ・考える①	国会開設
70		3	調べ・考える②	2つの戦争
71		4	調べ・考える③	世界の中の立場
72		5	調べ・考える④	産業の発展
73		6	まとめる	学習問題に対する自分の考え
74		7	確かめる	テスト
75	広がる戦争と人々の暮らし 【6時間】	1	つかむ	学習問題づくり，学習計画
76		2	調べ・考える①	中国との戦争
77		3	調べ・考える②	戦争の広がり
78		4	調べ・考える③	戦争中の人々
79		5	調べ・考える④	空襲や原爆
80		6	まとめる	学習問題に対する自分の考え
81	平和な日本 【7時間】	1	つかむ	学習問題づくり，学習計画
82		2	調べ・考える①	日本国憲法の制定
83		3	調べ・考える②	再び国際社会へ
84		4	調べ・考える③	産業の発展

85		5	調べ・考える④	オリンピック・パラリンピック開催
86		6	まとめる	学習問題に対する自分の考え
87		7	確かめる	テスト
88	深める			歴史を学んで，現在及び将来の発展
89				
90	オリエンテーション			
91		1	つかむ	学習問題づくり，学習計画
92		2	調べ・考える①	
93	つながりの深い国々	3	調べ・考える②	＊ジグソー学習
94	【6時間】	4	調べ・考える③	
95	3　世界と日本⑮	5	まとめる	学習問題に対する自分の考え
96		6	確かめる	テスト
97		1	つかむ	学習問題づくり，学習計画
98		2	調べ・考える①	国際連合
99		3	調べ・考える②	ユニセフ
100	世界の未来と日本の役割	4	調べ・考える③	環境問題への取組
101	【8時間】	5	調べ・考える④	ODA
102		6	まとめる	学習問題に対する自分の考え
103		7	選択・判断	世界の課題と私たちのかかわり
104		8	確かめる	テスト
105	学年のまとめ			6年生の学習を終えて

1　政治の働き

国や地方公共団体の政治
子育て支援

つかむ	**第1時**	学童保育所の待機児童数の変化 （グラフ）	学童保育所待機児童問題 （新聞）	待機児童問題に対する 保護者の不安（文章）

資料

学習問題
　　学童増設という市民の願いは，政治によって，どのように実現するのだろう。

第2時

予想

F1	F2	F3
市役所で計画がつくられていると思う。	市役所で計画書を基に話し合い，実現すると思う。	税金を集めて，使うと思う。

調・考

	第3時	第4時	第5時
問い	《市役所》 市は，学童増設という市民の願いを，どのように政策にしているのだろう。	《市議会》 学童増設という市民の願いは，どのように実現されるのだろう。	《税金》 学童増設という市民の願いを実現するために，税金はどのように集められ，使われるのだろう。
資料	・待機児童数（図） ・計画書をつくるまで（図） ・市役所で働く人の話（GT）	・市議会の議場（写真） ・市議会の仕事（図） ・市の政治の仕組み（図） ・願いが実現するまでの流れ（図）	・学童保育所増設費用（図） ・税金の仕組み（図） ・放課後子ども総合プラン（図）
まとめ	A1 ○○市は，学童を増やしてほしいという市民の願いに基づいて，担当が条例や憲法との関連，待機児童数や地域の様子，どれぐらい予算が必要かなどを調査し，計画書をつくる。つまり，市役所は，市民の願いに基づいて，まずは，担当が計画書をつくる。	A2 担当が作成した計画書は，選挙で選ばれた議員が集まる市議会で話し合われ，実施するか決まる。計画が決定されると，工事を行い学童が増設される。つまり，市民の願いは，市がつくった計画書にしたがって実現する。	A3 税金は，市民の願いを実現するために買い物をした人や地域に住んでいる人から集められ，市議会の話し合いで決定した教育や救急などに使われる。また，市は，都や国から補助金をもらうこともある。つまり，税金は，市民の願いを実現するために集められ使われている。また，都や国と連携し，補助金をもらうこともある。

まとめる

第6時

自分の考え
　　市民の願いに基づいて市の担当が計画書をつくり，国や都と連携しながら学童増設を行っている。また，選挙で選ばれた議員が市議会で話し合い，計画書の決定や税金の使い方を決めている。つまり，市民の願いは，政治によって計画的に実現される。

調べ・考える

第3時 市役所

(1)ねらい

・市民の願いは，どのように政策になるのか理解する。

(2)本時の展開

		【学習形態】 ○学習活動 ・児童の反応	★指導上の留意点 ■資料（種類）
つかむ	① 5分	【全体】 ○本時のめあてを確認する。 市は，学童増設という市民の願いを，どのように政策にしているのだろう。 ○本時のめあてに対する予想を話し合う。 ・市役所の人が考えていると思う。 ・学童の人が考えていると思う。 ・どれくらいお金がかかるか調べると思う。	
調べ・考える	② 32分	【個別】→【全体】 ○市民の願いは，どのような流れで政策になるのか調べ，チャート図に整理する。 ・条例や憲法との関連を調べる。 ・待機児童数や地域の様子を調査する。 ・どこに学童保育所を建設するか考える。 ・工事をする人を決める。 ・どれぐらい予算が必要か調査する。 ○市は，どのような思いで学童保育所を増設したのか考える。 ・待機児童を減らしたい。 ・子どもを安全に育てられる町にしたい。 ・市民の願いを実現させたい。	■待機児童数（図） ■計画書をつくるまで（図） ■市役所で働く人の話（ゲストティーチャー） ★ゲストティーチャーの方には，教室で待機してもらい，児童がいつでも質問できる環境をつくる。 ■市役所で働く人の話（ゲストティーチャー）
まとめる	③ 8分	【個別】→【全体】 ○学習のまとめを書く。 まとめ 　○○市は，学童を増やしてほしいという市民の願いに基づいて，担当が条例や憲法との関連，待機児童数や地域の様子，どれぐらい予算が必要かなどを調査し，計画書をつくる。つまり，市役所は，市民の願いに基づいて，まずは，担当が計画書をつくる。 ○学習計画から次時のめあてを確認する。	★児童に資料の準備の声がけをする。

まとめる

第6時 学習問題に対する自分の考え

(1)ねらい

・地方公共団体や国の政治の仕組みや働きと国民生活を関連づけて考え，関係図に表現する。
・政治は国民生活の安定と向上を図るために大切な働きをしていることを理解する。

(2)本時の展開

<table>
<tr>
<th colspan="2"></th>
<th>【学習形態】　○学習活動　・児童の反応</th>
<th>★指導上の留意点　■資料（種類）</th>
</tr>
<tr>
<td rowspan="3">つかむ</td>
<td rowspan="3">①
5分</td>
<td>【全体】
○本時のめあてを確認する。</td>
<td>★関係図を作成することで，学習問題を解決しようという意欲を高める。</td>
</tr>
<tr>
<td colspan="2">関係図をつくり，学習問題に対する自分の考えを書こう。</td>
</tr>
<tr>
<td>○学習問題を確認する。

○調べてきたことを振り返る。
・市役所は，市民の願いに基づいて，担当が計画書をつくる。（第3時）
・計画書は，市議会で話し合われ，政策が決まる。そして，市民の願いは実現する。
（第4時）
・税金は，市民の願いを実現するために集められ使われる。また，都や国と連携し，補助金をもらうこともある。（第5時）</td>
<td>■一単位時間ごとの学習のまとめ（文章）

★調べてきたことを振り返るために，一単位時間のまとめを，学習した順に貼る。</td>
</tr>
<tr>
<td rowspan="2">考える</td>
<td rowspan="2">②
20分</td>
<td>【個別】
○一単位時間のまとめが書いてある付箋と付箋を，線や矢印で結び，その理由などを書く。
〔関係図で関連づけさせたい言葉〕
・願い　　　・選挙　　　　・議会
・税金　　　・協力</td>
<td>★一単位時間の最後に付箋にまとめを書いて貼っておき，付箋と付箋の関係を書き入れる。
★地方公共団体と国の政治のつながりを意識させる。</td>
</tr>
<tr>
<td>【全体】
○関係図に書き込んだ記号や言葉を確認する。</td>
<td>《関係図で用いる記号》
→　原因と結果，時の流れ
⇔　反対　　　—　関係がある</td>
</tr>
<tr>
<td rowspan="2">まとめる</td>
<td rowspan="2">③
20分</td>
<td>【個別】→【全体】
○学習問題に対する自分の考えを書く。</td>
<td>★結んだ線やその理由，考えた意味に注目させ，まとめを書かせる。</td>
</tr>
<tr>
<td colspan="2">学習問題に対する自分の考え
　市民の願いに基づいて市の担当が計画書をつくり，国や都と連携しながら学童増設を行っている。また，選挙で選ばれた議員が市議会で話し合い，計画書の決定や税金の使い方を決めている。つまり，市民の願いは，政治によって計画的に実現される。</td>
</tr>
</table>

(3)板書計画

○／○　国や地方公共団体の政治〜子育てしえん〜⑥

めあて

関係図をつくり，学習問題に対する自分の考えを書こう。

〈学習問題〉
　学童増設という市民の願いは，政治によって，どのように実現するのだろう。

前単元のまとめ	③市役所	④市議会	⑤税金	
日本国憲法には，国民主権・基本的人権の尊重・平和主義の３つの原則がある。これによって，わたしたちは，平和で安心してくらせている。	○○市は，学童を増やしてほしいという市民の願いに基づいて，担当が条例や憲法との関連，待機児童数や地域の様子，どれぐらい予算が必要かなどを調査し，計画書をつくる。つまり，市民の願いに基づいて，まずは，担当が計画書をつくる。	担当が作成した計画書は，選挙で選ばれた議員が集まる市議会で話し合われ，じっしするか決まる。計画が決定されると，工事を行い学童が増設される。つまり，市民の願いは，市がつくった計画書にしたがって実現する。	税金は，市民の願いを実現するために買い物をした人や地域に住んでいる人から集められ，市議会の話し合いで決定した教育や救急などに使われる。また，市は，都や国から補助金をもらうこともある。つまり，税金は，市民の願いを実現するために集められ使われている。また，都や国と連携し，補助金をもらうこともある。	関係図作成のルール① 関係図作成のルール②

※前単元のまとめは，既習との関連も児童に意識させるために掲示しました。

\実践者からのメッセージ/

関係図の作成と活用

　本実践では，学習問題に対する自分の考えを書くために，①関係図を作成し，②関係図を活用して学習問題に対する自分の考えを書かせました。

　①関係図の作成では，前小単元の学習問題に対するまとめを青い付箋に，本小単元の一単位時間のまとめを黄色い付箋に書かせました（付箋は，それぞれの時間に書いておきます）。本時は，その付箋に書いてある，調べてわかったことや考えたことの関係を線（—）や矢印（→）で関連づけさせました。

　②学習問題に対する自分の考えを書く活動では，Ａ３サイズ１枚の関係図に，小単元で調べたことや考えたことがまとめてあるので，児童は，その関係を意識しながら，自分の考えをまとめることができました。

2　歴史

縄文の世から古墳時代へ

オリエンテーション　歴史と人々の生活【1時間】

つかむ

資料

第1時	
縄文時代の生活 （想像図）	弥生時代の生活 （想像図）

学習問題
　米づくりが始まると，世の中の様子はどのように変わっていったのだろう。

予想

第2時

F1	F2	F3
米をつくるために，多くの人が協力したのだと思う。	大きな力をもった人が出てきたのではないかと思う。	力を広げていこうとする人が出てくると思う。

調・考

問い

第3時	第4時	第5時
《米づくり》 米づくりが始まると，人々の生活やむらの様子はどのように変わったのだろう。	《古墳》 なぜ，古墳はつくられたのだろう。	《大和朝廷》 くにはどのように広がり，統一されていったのだろう。

資料

・卑弥呼（想像図） ・出土品（写真） ・遺跡（写真） ・貝塚（写真）	・大仙（仁徳陵）古墳（写真） ・古墳を築いている様子	・大和朝廷の広がり（地図） ・神話（文章） ・ワカタケル大王の名が記された鉄剣（写真）

まとめ

A1	A2	A3
大陸から稲作が伝わり，米づくりが始まると，田の近くに定住してむらをつくるようになった。土地や水の奪い合いや米の出来高によって貧富の差が出てきたり，争いが起きたりした。つまり，力をもち，むらを従える人が出てきて，くにへと発展した。各地の王や豪族は渡来人の技術を生かして，くにづくりを進めた。	大きな古墳がつくられたり，古墳をつくるために多くの人が動員されたりした。出土品の様子からもその人の力の大きさがわかる。つまり，大きな力をもった王や豪族が，力を示すために，多くの人々を動員して古墳をつくらせた。	出土品が出てきた地域は各地にあり，大和朝廷の支配は全国に広がっていた。大陸との交流があり，文化や技術が伝わった。つまり，大和地方に現れた大和朝廷は，5～6世紀ごろには，九州地方から東北地方南部まで勢力を伸ばした。大きくて強い国を形成していった。

まとめる

自分の考え

第6時

　稲作が始まると，貧富の差や争いが起き，力をもった人がむらを従え，くにへと発展した。その力は各地に広がり，大王を中心とした国の政府ができ，大和朝廷が成立した。大陸との交流によって渡来人の技術や文化を取り入れた。つまり，国土が統一されて，国が形成されていった。

2　歴史

天皇中心の国づくり

つかむ	第1時		
資料	法隆寺 （写真）	聖徳太子の生涯 （年表）	聖徳太子 （肖像画）

学習問題
聖徳太子が目指した天皇中心の国づくりは，どのように実現していったのだろう。

| 予想 | F1
聖徳太子は，政治の仕組みをつくったのだと思う。 | F2
聖徳太子がなくなった後も，だれかが国づくりを進めたと思う。 | F3
聖武天皇は，大仏をつくることで，国を安定させたいと願ったと思う。 | F4
外国との交流があったと思う。 |

調・考	第2時	第3時	第4時	第5時
問い	《聖徳太子》 聖徳太子はどのように国づくりを進めたのだろう。	《聖徳太子の死後》 聖徳太子の死後，国づくりはどのように進められたのだろう。	《大仏づくり》 聖武天皇は，どのような願いをもって大仏をつくらせたのだろう。	《大陸との交流》 聖武天皇は，どのような目的で大陸との交流を行ったのだろう。
資料	・冠位十二階（文章） ・十七条の憲法（文章）	・年表 ・物流の様子（地図） ・租，調，庸（絵）	・大仏（写真） ・大仏をつくっている様子（図） ・国分寺（地図）	・鑑真（仏像写真） ・中国からもたらされた美術品（写真）
まとめ	A1 聖徳太子は，冠位十二階や十七条の憲法を定めた。隋と交流をもち，進んだ考えを取り入れた。仏教の教えを広めようとした。つまり，聖徳太子は改革を行い，天皇中心の国づくりを進めた。	A2 中大兄皇子と中臣鎌足は蘇我氏を倒し，大化の改新という政治の改革を行った。国を治めるために，法律ができ，税を治めたり，兵役の義務が課されたり，支配を広げた。つまり，天皇中心の政治の仕組みができた。	A3 大仏は752年に完成し，国分寺の中心である東大寺に置かれた。民の信頼がある行基の力を利用し，多くの民の力を集めた。つまり，聖武天皇は不安定な世の中を仏教の力で救おうとした。	A4 遣唐使を唐に送ったり，鑑真を招いたりして，大陸の文化や技術を学んだ。つまり，聖武天皇は，大陸のすぐれた文化を取り入れ，国づくりを進めた。

まとめる	第6時
自分の考え	聖徳太子は，冠位十二階や十七条の憲法を定め，新しい政治の仕組みをつくった。死後，聖武天皇は，政治を行う中で，仏教に救いを求め，国分寺を全国につくり，その中心である東大寺に大仏をつくった。大仏づくりには多くの人が動員された。遣唐使や留学生の交流を通じて，大陸から文化や技術を学んだ。つまり，聖徳太子が目指した天皇中心の国づくりは受け継がれ，聖武天皇は，仏教や大陸の進んだ技術や文化を取り入れて国づくりを進め，天皇中心の政治の仕組みを確立した。

2 歴史

武士による政治の始まり

つかむ	
資料	

第1時

武士の館の想像図 貴族の屋敷と比較	武士の1日（図） 貴族の1日（図）	この時代の略年表

学習問題
武士はどのようにして力をつけ，どのような政治を進めていったのだろう。

予想

F1
戦いに強い武士が貴族に代わって力をつけたと思う。

F2
貴族とはちがう政治の進め方をしたと思う。

F3
将軍が御家人たちをまとめたと思う。

F4
元との戦いで，武士は幕府を守るため戦ったと思う。

調・考	
問い	

第2時	第3時	第4時	第5時
《源平の戦い》 聖徳太子はどのように国づくりを進めたのだろう。	《源頼朝》 鎌倉幕府はどのような政治の仕組みになっていたのだろう。	《御恩と奉公》 将軍と御家人はどんな関係で結ばれていたのだろう。	《元との戦い》 元との戦いで，武士はどのように元軍と戦ったのだろう。

資料

第2時	第3時	第4時	第5時
・源平の合戦の様子（動画・地図） ・義経，頼朝の人物年表 ・源氏と平氏のちがい（文章）	・鎌倉の様子（想像図） ・鎌倉幕府の仕組み（図・動画）	・御恩と奉公（図） ・鎌倉街道（地図） ・松の木の話（文章・まんが）	・モンゴルの広がり（地図） ・北条時宗～元との戦い～（動画） ・竹崎季長と蒙古襲来絵巻（文章）

まとめ

A1
貴族の勢力が弱まり，争いの多い時代になると，武士は自分の領地を広げ，力を伸ばしていった。特に源義経を中心に平氏との戦いに勝利した源氏は朝廷から認められ，幕府を開いた。つまり，貴族中心の政治から武士が政治の中心になった。

A2
源頼朝は鎌倉に幕府を開いた。鎌倉は朝廷から遠く，地形にも恵まれていたので武士の政治を始めるのに好都合だった。鎌倉に侍所や問注所を置くとともに，全国に守護や地頭をおいた。つまり，源頼朝は初めて武士による政権である鎌倉幕府を開いた。

A3
将軍は御家人に領地を与え，その権利を保障した。御家人は将軍に忠誠を誓い，幕府に何かあったときには駆けつけてともに戦った。つまり，鎌倉幕府は将軍と御家人のご恩と奉公の関係で成り立っていた。

A4
元が日本に襲来すると，北条時宗は九州の御家人を中心に全国の御家人を動員した。御家人たちは元軍の戦術や武器に苦しみながらも幕府のために勇敢に戦った。その結果，元軍は撤退した。つまり，幕府の力は，全国に広がっていた。

まとめる	
自分の考え	

第6時

源平の合戦に勝利した源氏が，朝廷から認められ，鎌倉に幕府を開いた。鎌倉幕府は御家人たちとの間にご恩と奉公の関係を築いた。その勢力は後に全国に広がるようになり，元軍が襲来した際にも，御家人たちは幕府を守るため勇敢に戦った。つまり，武士による政治が始まり，幕府の力は全国に及ぶようになった。

調べ・考える
第5時 元との戦い

⑴ねらい

・幕府が全国的に力をもってきたこと，北条時宗は，九州の御家人を中心に全国の御家人を動員し，元軍の攻撃を退けたことを理解する。

⑵本時の展開

		【学習形態】 ○学習活動 ・児童の反応	★指導上の留意点 ■資料（種類）
つかむ	① 5分	【全体】 ○本時のめあてを確認する。 元との戦いで，武士はどのように元軍と戦ったのだろう。	
調べ・考える	② 30分	【個別】 ○元が襲来したころの世界の様子を調べる。 ・ユーラシア大陸のほとんどがモンゴルの範囲になっている。 ○当時の執権，北条時宗や御家人たちが元とどのように戦ったのかを調べる。 ・九州の御家人を中心に全国の御家人が戦いに参加した。 ・元軍の武器や戦術に苦しみながらも勇敢に戦い，元軍を退けた。 ・御家人たちは財産や命を投げ打って幕府のために戦った。	■モンゴルの広がり（地図） ■北条時宗〜元との戦い〜（動画） ■元軍の使った武器（写真） ■竹崎季長と蒙古襲来絵巻（文章）
まとめる	③ 10分	【個別】→【全体】 ○学習のまとめを書く。 **まとめ** 　元が日本に襲来すると，北条時宗は九州の御家人を中心に全国の御家人を動員した。御家人たちは元軍の戦術や武器に苦しみながらも幕府のために勇敢に戦った。その結果，元軍は撤退した。つまり，幕府の力は，全国に広がっていた。 ○学習計画から次時のめあてを確認する。	■北条時宗〜元との戦い〜（動画）

まとめる

第6時 学習問題に対する自分の考え

⑴ねらい

・これまでに学習した内容を関連づけて学習問題に対する自分の考えをまとめ，戦いに勝利することによって力をつけた武士が，武士による政治を始め，幕府の勢力が全国に広がったことを理解する。

⑵本時の展開

		【学習形態】 ○学習活動 ・児童の反応	★指導上の留意点 ■資料（種類）
つかむ	① 5分	【全体】 ○本時のめあてを確認する。	★関係図を作成することで，学習問題を解決しようという意欲を高める。
		関係図をつくり，学習問題に対する自分の考えを書こう。	
		○学習問題を確認する。 ○調べてきたことを振り返る。	■一単位時間ごとの学習のまとめ（文章） ★調べてきたことを振り返るために，一単位時間のまとめを，学習した順に貼る。
考える	② 20分	【個別】 ○一単位時間のまとめの付箋と付箋を，線や矢印で結び，その理由などを書く。 〔関係図で関連づけさせたい言葉〕 ・源氏　　　・幕府　　　　　・将軍 ・御家人　　・ご恩と奉公 【全体】 ○関係図に書き込んだ記号や言葉を確認する。	★一単位時間の最後に付箋にまとめを書いて貼っておき，付箋と付箋の関係を書き入れる。 ★幕府と御家人のつながりや関係性を意識させる。 《関係図で用いる記号》 →　原因と結果，時の流れ ⇔　反対　　　―　関係がある
まとめる	③ 20分	【個別】→【全体】 ○学習問題に対する自分の考えを書く。	★結んだ線やその理由，考えた意味に注目させ，まとめを書かせる。
		学習問題に対する自分の考え 　　源平の合戦に勝利した源氏が，朝廷から認められ，鎌倉に幕府を開いた。鎌倉幕府は御家人たちとの間にご恩と奉公の関係を築いた。その勢力は後に全国に広がるようになり，元軍が襲来した際にも，御家人たちは幕府を守るため勇敢に戦った。つまり，武士による政治が始まり，幕府の力は全国に及ぶようになった。	

(3)板書計画

〇／〇　武士による政治の始まり⑥

めあて

関係図をつくり，学習問題に対する自分の考えを書こう。

〈学習問題〉
武士はどのようにして力をつけ，どのような政治を進めていったのだろう。

②源平の戦い	③源頼朝	④御恩と奉公	⑤元との戦い	
貴族の勢力が弱まり，争いの多い時代になると，武士は自分の領地を広げ，力を伸ばしていった。特に源義経を中心に平氏との戦いに勝利した源氏は朝廷から認められ，幕府を開いた。つまり，貴族中心の政治から武士が政治の中心になった。	源頼朝は鎌倉に幕府を開いた。鎌倉は朝廷から遠く，地形にもめぐまれていたので武士の政治を始めるのに好都合だった。鎌倉に侍所や問注所を置くとともに，全国に守護や地頭をおいた。つまり，源頼朝は初めて武士による政権である鎌倉幕府を開いた。	将軍は御家人に領地を与え，その権利を保障した。御家人は将軍に忠誠をちかい，幕府に何かあったときには駆けつけてともに戦った。つまり，鎌倉幕府は将軍と御家人のご恩と奉公の関係で成り立っていた。	元が日本に襲来すると，北条時宗は九州の御家人を中心に全国の御家人を動員した。御家人たちは元軍の戦術や武器に苦しみながらも幕府のために勇敢に戦った。その結果，元軍は撤退した。つまり，幕府の力は，全国に広がっていた。	関係図作成のルール① 関係図作成のルール②

＼実践者からのメッセージ／

資料の精選・ICT の活用

　児童に少ない時数の中で調べたいことをつかませ，社会的事象の見方・考え方を働かせて自分なりの理解をさせていくためには，「調べる」段階の一単位時間の中でいかに考える時間を確保し，活動を充実させるかが鍵を握っています。たくさんの，または多様な資料から事象を読み取らせたくなりがちですが，それだと自分の考えをまとめる時間が少なくなってしまいます。まずは，その時間につかませたいことをはっきりさせ，そのために不可欠な資料にしぼって児童に着目させたり，ICT を活用したりして，短時間で調べる活動を行うことができるとよいでしょう。特に，デジタル教科書やNHK の動画コンテンツ，資料集付属の映像資料を使って調べる方法は，社会科に苦手意識がある児童が在籍している場合にも有効な手立てです。

2　歴史

戦国の世から天下統一へ

つかむ	第1時	長篠合戦図屏風 （図）	豊臣期大坂図屏風 （図）	10年ごとの国内内乱の数 （グラフ）

資料

学習問題
　どのようにして，戦いのない世の中になっていったのだろう。

予想

F 1	F 2
織田信長が新しい武器を生かして戦いに勝利し，全国をまとめていったと思う。	豊臣秀吉が政治をうまく行って戦いが少なくなったと思う。

調・考

問い

第2時	第3時
《織田信長の戦いと政治》 織田信長はどのように力を伸ばしていったのだろう。	《豊臣秀吉が進めた政治》 豊臣秀吉はどのように全国統一をしたのだろう。

資料

・信長の戦法（図） ・信長の勢力の変化（地図） ・安土城・楽市楽座（図） ・ザビエル（肖像画）南蛮人との貿易（図）	・秀吉の全国統一への道（地図） ・刀狩と検地（動画） ・検地令（文章） ・刀狩令（文章）

まとめ

A 1	A 2
信長は当時日本に広がりはじめた鉄砲を有効に活用して戦いに勝ち続け，勢力を広げていった信長はヨーロッパ人との貿易を活発にし，キリスト教を保護した。安土城を築き，城下町をだれもが自由に商売ができるようにした。本能寺の変で明智光秀に襲撃され，全国統一を目前に命を落とした。	秀吉は，信長の後を受け，全国を統一した。合戦をできるだけさけ，説き伏せて降伏させることが多かった。秀吉は朝廷から関白の位を受け，太閤検地や刀狩を行い，武士が百姓を支配する社会の仕組みを整えた。キリスト教は禁止した。大坂城を築き，城下町で自由に商売ができるようにした。

まとめる

第4時　○2人の共通点や相違点，どんなところが優れているのか話し合う。

　織田信長は戦いに優れ，鉄砲を使った戦術などで，小大名だった織田氏を全国統一の一歩手前まで導いたところが優れていた。豊臣秀吉は合戦よりも交渉する力に優れていた。2人とも城を築き，城下町での商売が活発になるようにした。信長はキリスト教を保護したが，秀吉は禁止した。

○学習問題に対する自分の考えを書く。

自分の考え

　織田信長は新しく伝わった鉄砲を利用するなど，戦いを工夫して短い期間で全国の大名をまとめていった。その後，検地や刀狩を行って社会の仕組みを整えた。その結果，戦いが減り，戦国の世が統一された。

つかむ
第1時 学習問題づくり，学習計画

(2)ねらい
・長篠合戦図と豊臣期大坂図屏風の城周辺の様子を比較し，世の中の様子が大きく変化したことをつかむ。

(2)本時の展開

		【学習形態】 ○学習活動 ・児童の反応	★指導上の留意点 ■資料（種類）
つかむ	① 5 分	【全体】 ○室町時代の後半に内乱（応仁の乱）が起こったことを提示し，戦国の世になったことを伝える。	■足利義政（肖像画） ■応仁の乱（絵図・文章） ■10年ごとの国内内乱の数（グラフ） （途中までを部分的に提示する）
つくる	② 35 分	【グループ】 ○長篠合戦図の城周辺の様子を見て，気づいたことを話し合う。 ・城のまわりは戦いの場になっている。 ・たくさんの兵が戦っている。 ○豊臣期大坂図屏風の城周辺の様子を見て，気づいたことを話し合う。 ・にぎやかで活気がある。 ・戦っている人はいない。平和になった。	■長篠合戦図屏風（図） ★城そのものより，まわりの様子に着目するようにさせる。 ★だれが，どのようなことをしているのかに着目させる。 ■豊臣期大坂図屏風（図）
		2つの城の様子にどのような違いがあるのだろう。	
		・城のまわりということは同じなのにまったく様子がちがう。城の役割が変わっているのではないか。 ○10年ごとの国内内乱の数のグラフの続きを予想させ，話し合う。その後続きを見る。 ・やはり，戦いの少ない時代になったんだ。 ○学習問題をつくる。	■10年ごとの国内内乱の数（グラフ）
		学習問題 どのようにして，戦いのない世の中になっていったのだろう。	
まとめる	③ 5 分	【全体】 ○本時の振り返りを書く。 ○学習計画から次時のめあてを確認する。	★どんなことを疑問に思ったのかを中心に振り返りを書くようにさせる。 ★児童に資料の準備の声がけをする。

まとめる

第4時 学習問題に対する自分の考え

(1)ねらい

・織田信長と豊臣秀吉がどのようにして戦国の世を統一していったのかをまとめ，学習問題に対する自分の考えを書く。

(2)本時の展開

		【学習形態】 ○学習活動 ・児童の反応	★指導上の留意点 ■資料（種類）
つかむ	1 2分	【全体】 ○本時のめあてと学習問題を確認する。 学習問題に対する自分の考えを書こう。 学習問題 　どのようにして，戦いのない世の中になっていったのだろう。	
考える	2 38分	【グループ】 ○2人の共通点や相違点，どんなところが優れているのか話し合う。 ・信長も秀吉も城を築いて，城下町で商売が盛んになるようにしたんだね。 ・秀吉は信長とはちがって，合戦より説得を重視したんだね。 ・キリスト教に対する政策もちがうね。 ・信長は鉄砲を使った戦術が優れていた。 ・秀吉は武士が百姓を治める仕組みを整えたところが優れていた。 【個別】 ○学習問題に対する自分の考えを書く。 【全体】 ○書いたことを発表し合う。	★2人の武将のしたことの共通点や違いについて，また，どんなところが優れているのかを考えることを確認する。 ■第3・4時でまとめたノート ★前時までに調べたことと，本時に友だちと話し合って気づいたことなどを関連づけるなどして，ノートやワークシートに書かせるようにする。 ★自分の考えを書くのが苦手な児童には，織田信長は，豊臣秀吉は，その結果，戦いが減り，戦国の世が統一されたというように使う言葉を提示し，考えをまとめられるよう支援する。
		学習問題に対する自分の考え 　織田信長は新しく伝わった鉄砲を利用するなど，戦いを工夫して短い期間で全国の大名をまとめていった。その後，検地や刀狩を行って社会の仕組みを整えた。その結果，戦いが減り，戦国の世が統一された。	
まとめる	3 5分	【個別】 ○単元の学習を振り返り，学習感想を書く。	

(3)板書計画

○／○　戦国の世から天下統一へ④

〈学習問題〉
　どのようにして，戦いのない世の中になっていったのだろう。

[めあて]

　学習問題に対する自分の考えを書こう。

②織田信長	③豊臣秀吉
・鉄砲を大量に使った戦術で戦いを優位に進めた。 ・安土城を築き，城下で自由に商売ができるようにした。 ・ヨーロッパ人との貿易（南蛮貿易）を盛んに行った。キリスト教を保護した。 ・全国統一を目前に家臣の明智光秀に襲撃され（本能寺の変），命を落とした。	・合戦よりも説得を重視して，降伏させることが多かった。 ・信長のあとを引き継ぎ，全国統一を果たした。 ・検地を行い，土地がだれの物かをはっきりさせたり，刀狩令を出して百姓と武士との違いがはっきりするようにしたりした。
共通点	違うところ

[まとめ]

織田信長は新しく伝わった鉄砲を利用するなど，戦いを工夫して短い期間で全国の大名をまとめていった。その後，検地や刀狩を行って社会の仕組みを整えた。その結果，戦いが減り，戦国の世が統一された。

※「織田信長」「豊臣秀吉」の欄には前時までの「まとめ」の模造紙を貼るか，板書を撮影した写真を掲示します。

＼実践者からのメッセージ／

ICT 活用のアイデア

　小学校の教室の ICT 環境は整いつつあるので，社会科の授業においても ICT を有効に活用して，効果的に学習を進められるようにしていきたいものです。

　本実践では，まず第1時に「10年ごとの国内内乱の数」のグラフを部分的に提示することをおすすめします。応仁の乱から1500年代中頃までは内乱の数は高いまま推移します。そこまでのグラフを，プレゼンテーションソフトを活用して，大型テレビ等に提示した状態で授業を進めます。豊臣期大坂図屏風を提示した後に残りの部分を提示すると，内乱の数が減ったことが際立ち，変化したことがつかみやすくなります。

　また，短い小単元だからこそ，毎時間のまとめを書画カメラ等のメモリー機能を使って撮影しておきましょう。それらを第5時に提示すると，単元の学習を振り返るのに有効です。

2 歴史

武士の政治の安定

つかむ

資料

第1時			
関ヶ原の戦い （絵）	徳川家康・家光 （肖像画）	江戸城とそのまわりの様子 （絵）	幕府のあゆみ （年表）

学習問題
江戸幕府は，どのようにして世の中を治めたのだろう。

予想

F1	F2	F3
大名を支配したと思う。	大名以外の人も支配したと思う。	外国との関係を変えたと思う。

調・考

問い

第2時	第3時	第4時
《徳川家光》 幕府は，どのようにして大名を支配したのだろう。	《身分制》 幕府は，どのようにして百姓や町人などを支配したのだろう。	《鎖国》 幕府の外国との関係は，どのように変わったのだろう。

資料

・大名配置（図） ・藩の参勤交代（絵） ・参勤交代にかかる日数（図）	・身分ごとの人口の割合（グラフ） ・様々な身分（絵） ・百姓の心得，新しい農具 ・城下町（図）	・交易のあった国（地図） ・踏絵（写真） ・島原・天草一揆（絵） ・出島（図）

まとめ

A1	A2	A3
幕府は，全国の大名を3つに分けたり，武家諸法度を決めたりして，大名を取りしまった。家光の時代になると，参勤交代を定め，大名に負担をかけた。つまり，幕府は，大名の力を弱めたことで，幕府の力を強めて大名を支配した。	幕府は，武士のほかに百姓や町人など，社会にいる様々な身分を固定化した。身分ごとに住む場所や仕事，きまりが決められていた。身分ごとに重い年貢や役の負担があった。つまり，幕府は，身分制を利用して，幕府の支配を確実にした。	幕府は，外国との貿易を許可していたが，キリスト教の信者が増えると，信仰を禁止し，外国との貿易を制限したり，海外への渡航を禁止したりした。貿易は，出島などで，幕府だけが行うようになった。つまり，幕府は，キリスト教を禁止し，鎖国を行うことで，幕府の支配力を安定させた。

まとめる

第5時

自分の考え

江戸幕府は，武士，百姓，町人など，身分に応じたきまりをつくって，人々を支配した。特に，大名を3つに分けて幕府を守れるような体制を整えたり，参勤交代をして大名の力を弱めたりした。また，外国との関係も改め，キリスト教を禁止したり，貿易を幕府だけに制限したりして，鎖国を行った。つまり，幕府は，日本国内や外国との関係をきまりで取りしまることで，力を幕府に集中させた。このことで，幕府の力は強くなって安定し，世の中を長く治めることができた。

つかむ

第1時 学習問題づくり，学習計画

(1)ねらい

・江戸幕府の概要を捉え，学習問題に表現することができる。

・江戸幕府の始まりや江戸幕府が長く続いたことに関心をもつことができる。

(2)本時の展開

		【学習形態】　○学習活動　・児童の反応	★指導上の留意点　■資料（種類）
つかむ	① 10 分	【全体】 ○徳川家康について知る。 【個別】→【全体】 ○関ヶ原の戦いを見て，気づいたことを発表する。 ・徳川軍と石田軍の戦い。 ・たくさんの大名が戦っている。 ・戦いが激しい。 ○本時のめあてを確認する。	■徳川家康（肖像画） ■関ヶ原の戦い（絵） ★関ヶ原の戦いは，徳川軍が勝利し，徳川家康が江戸幕府を開いたことを押さえる。
		徳川家康は，どのようにして世の中を治めていったのだろう。	
つくる	② 25 分	【個別】→【全体】 ○江戸時代の様子や概要を知り，江戸幕府について考える。 ・城の面積が広くて豪華。 ・城に入っていく行列がある。 　→幕府の力がとても強いのではないか。 　→なぜ約260年間も続いたのだろう。 【個別】→【全体】 ○学習問題をつくる。	■徳川家光（肖像画） ■江戸城とそのまわりの様子（絵） ■幕府のあゆみ（年表） ★資料から，江戸幕府の力が強かったことに気づけるようにする。
		学習問題　江戸幕府は，どのようにして世の中を治めたのだろう。	
まとめる	③ 15 分	【個別】→【全体】 ○学習問題の予想をし，学習計画を立てる。 ・豊臣秀吉みたいに身分を区別したのかな。 ・人々を支配して幕府の力を強くしたのかな。 ・外国との関係を変えたのかな。 〈学習計画〉 ・大名や大名以外の人々に対する取組 ・外国との関係	★学習問題の予想の予想から，学習計画につなげていけるようにする。

調べる・考える
第3時 身分制

(1)ねらい

・江戸幕府では，武士を中心とした身分制が定着したことを理解することができる。

(2)本時の展開

		【学習形態】 ○学習活動 ・児童の反応	★指導上の留意点 ■資料（種類）
つかむ	⓵ 5分	【全体】 ○本時のめあてを確認する。	■身分ごとの人口の割合（グラフ）
		幕府は，どのようにして百姓や町人などを支配したのだろう。	
調べ・考える	⓶ 30分	【全体】 ○身分ごとの暮らしの様子を知る。 ・武士は，勉強をしたり，武芸をしたりしている。 ・百姓は，農業をしている。 ・町人の中には大工をしている人や商売をしている人がいる。 【個別】→【全体】 ○幕府が行った百姓や町人などへの取組を調べる。 ・百姓は，重い年貢を納めたり，いろいろな役をさせられたりした。 ・町人は，様々な職業をしていた。 ・身分ごとに厳しいきまりがあった。 【ペア】 ○幕府が身分制を取り入れたねらいを考える。 ・年貢や役で，幕府に力を集中させるため。 ・力の差を明らかにし，確実に人々を支配するため。	■様々な身分（絵） ■百姓の心得（絵） ■新しい農具（絵） ■城下町（図） ★新しい農具が開発されたことにふれ，厳しい生活の中でも百姓が工夫してよりよい生活を目指していたことに気づけるようにする。 ★身分制の意図を考えることで，学習問題に迫れるようにする。
まとめる	⓷ 10分	【個別】→【全体】 ○学習のまとめを書く。	
		まとめ 　幕府は，武士のほかに百姓や町人など，社会にいる様々な身分を固定化した。身分ごとに住む場所や仕事，きまりが決められていた。身分ごとに重い年貢や役の負担があった。つまり，幕府は，身分制を利用して，幕府の支配を確実にした。	
		○学習計画から次時のめあてを確認する。	★幕府の支配の広がりを押さえ，次時につなげるようにする。

(3)板書計画

○／○　武士の政治の安定③

めあて

幕府は，どのようにして百姓や町人などを支配したのだろう。

身分ごとの
人口の割合
（グラフ）

様々な身分

武士	町人（職人）
百姓	町人（町人）

幕府の取組
・百姓：重い年貢を納めたり，いろいろな
　　　　役をさせられたりした。
・町人：様々な職業をしていた。
・身分ごとに厳しいきまりがあった。

・幕府に力を集中さ
　せるため
・確実に人々を支配
　するため

・武士は，勉強をしたり，武芸をした
　りしている。
・百姓は，農業をしている。
・町人の中には大工をしている人や商
　売をしている人がいる。

まとめ

幕府は，武士のほかに百姓や町人など，社会にいる様々な身分
を固定化した。身分ごとに住む場所や仕事，きまりが決められ
ていた。身分ごとに重い年貢や役の負担があった。つまり，幕
府は，身分制を利用して，幕府の支配を確実にした。

＼実践者からのメッセージ／

地域資料の活用

　本実践では，様々な身分の絵に地域資料を取り入れました。江戸時代くらいになると，各自治体にその時代の様子がわかる資料や地図等が残されている場合が多いのではないでしょうか。これらの地域資料は，主に地域の歴史資料館や図書館等で保存されており，閲覧することができるものもあります。

　教科書の資料は，精選されたものであり，学習のねらいに沿った大変すばらしいものです。しかし，ときにはひと手間を加えて，人々の暮らしや城下町の地図など，どれか1つでも地域の資料を用意してみてはどうでしょうか。「実はこの資料…」と打ち明けたときの児童の驚く様子は印象的です。児童にとって，数百年前の遠い昔の暮らしが，一気に身近に感じられるようになる瞬間です。

2　歴史

明治の国づくり

つかむ			
資料	第1時　幕末から明治初めの年表（年表）	江戸末期の日本橋（写真）	明治初期の日本橋（写真）

学習問題
明治の新しい日本をだれがどのようにつくっていったのだろう。

予想	F1 長く続いた江戸時代から，新しい時代になったと思う。	F2 政治の仕組みが新しくなったのだと思う。	F3 欧米と対等になるように強い日本にしようとしたと思う。	F4 新しい思想が広まったのだと思う。

調・考

第2時	第3時	第4時	第5時
《江戸から明治へ》 江戸幕府の政治から明治時代へ，どのように変わったのだろう。	**《政治や社会の仕組み》** 明治政府はどのような政治や社会の仕組みを整えたのだろう。	**《強い国づくり》** 明治政府は，どのように強い国づくりをしたのだろう。	**《文明開化》** 人々の考えや生活にどのような変化があったのだろう。

問い

資料

第2時	第3時	第4時	第5時
・黒船（絵） ・ペリー（肖像画） ・日米和親条約（文章） ・日米修好通商条約（文書） ・五箇条の御誓文（文書）	・大久保利通（肖像画） ・五箇条の御誓文 ・廃藩置県（文章） ・四民平等（文章）	・殖産興業（文章） ・徴兵令（文章） ・地租改正（文章） ・富国強兵（文章）	・福沢諭吉（肖像画） ・学問のすすめ（文章） ・明治初期の様子

まとめ

A1	A2	A3	A4
黒船が来て，日本は条約を結び，開国することになった。武力では勝てないと考えた武士が新しい政治の仕組みをつくろうとした。だから，江戸幕府を倒し，江戸幕府より強い政府が必要と考えた武士が新しい政府をつくろうとした。	明治政府は，廃藩置県，四民平等などの改革を行った。つまり，近代国家としての仕組みを整えた。	新しい政府の中心となった大久保利通は，強い国づくりを進めて，欧米諸国に追いつくために，殖産興業，富国強兵，地租改正などの改革を行った。つまり，いろいろな改革を行い，欧米に負けない強い日本をつくろうとした。	開国したことで，日本の生活は洋風化した。福沢諭吉は，欧米の文化や考え方を広めたり，学問の大切さを説いたりした。つまり人々に欧米の文化が広まった。このことを文明開化という。

まとめる

第6時

自分の考え

　黒船が来たことがきっかけで，日本は開国した。開国により，人々の生活が洋風化した。武士たちが立ち上がり，様々な改革で強い国づくりが進められ，産業や文化が発展した。また欧米の考えが人々に広まった。つまり明治維新によって人々の生活や政治の仕組みが近代化し，今の日本の仕組みに近づいた。

調べ・考える
第2時 江戸から明治へ

(1)ねらい

・開国をきっかけとして，江戸幕府より強い政府が必要と考えた武士たちが幕府を倒し，明治維新を進めたことを理解する。

(2)本時の展開

		【学習形態】 ○学習活動 ・児童の反応	★指導上の留意点 ■資料（種類）
つかむ	① 5分	【全体】 ○本時のめあてを確認する。 江戸幕府の政治から明治時代へ，どのように変わったのだろう。	
調べ・考える	② 30分	【個別】 ○倒幕について調べ，新しい世の中に変わっていった過程を話し合う。 ・ペリーが浦賀に来航したことをきっかけに開国をした。 ・不平等な条約を結んだ。 ・外国のことを知った武士が新しい政治の仕組みをつくろうとした。 ○明治維新の中心となった人物について調べ，どんなことを行い，何を目指していたのか，考えを出し合う。 ・大久保利通，西郷隆盛，木戸孝允が中心に改革を進めた。 ・天皇を中心とした国づくりを目指した。	■黒船（絵） ■ペリー（肖像画） ■日米和親条約，日米修好通商条約（文章） ■五箇条の御誓文（文章） ★資料を基に，当時の人々の衝撃の大きさを話し合ったり，不平等な条約の締結など，新しい政治が必要だと感じた武士たちの思いを考えたりする。 ■西郷隆盛（肖像画） ■大久保利通（肖像画） ■木戸孝允（肖像画）
まとめる	③ 10分	○学習のまとめを書く。 **まとめ** 　黒船が来て，日本は条約を結び，開国することになった。武力では勝てないと考えた武士が新しい政治の仕組みをつくろうとした。だから，江戸幕府を倒し，江戸幕府より強い政府が必要と考えた武士が新しい政府をつくろうとした。 ○新しい政府が行った改革を予想し，次時のめあてを話し合う。	★欧米に負けない国づくりをキーワードに改革を考え，次時につながるようにする。

まとめる

第6時 学習問題に対する自分の考え

(1)ねらい

・学習問題について調べてきたことを「関係図」を用いて関連づける活動を通じて，明治維新により近代化を進めていく様子を理解する。

(2)本時の展開

		【学習形態】 ○学習活動 ・児童の反応	★指導上の留意点 ■資料（種類）
つかむ	① 5分	【全体】 ○本時のめあてを確認する。 関係図をつくり，学習問題に対する自分の考えを書こう。 ○学習問題を確認する。 ○調べてきたことを振り返る。 ・ペリーが来航し，日本は不平等な条約を結び，開国した。 ・日本を強い国にするために，富国強兵を目的に政策を立てた。 ・欧米の文化が日本に広まった。	★関係図を作成することで，学習問題を解決しようという意欲を高める。 ■一単位時間ごとの学習のまとめ（文章） ★調べてきたことを振り返るために，一単位時間のまとめを，学習した順に貼る。
調べ・考える	② 15分	【個別】 ○一単位時間のまとめの付箋と付箋を，線や矢印で結び，その理由などを書く。 〔関係図で関連づけさせたい言葉〕 ・願い　　　　・開国 ・強い国づくり　・生活の洋風化 ・欧米　　　　・近代化 【全体】 ○関係図に書き込んだ記号や言葉を確認する。	★一単位時間の最後に付箋にまとめを書いて貼っておき，付箋と付箋の関係を書き入れる。 ★黒船が来航した影響や，様々行われた改革の内容や意味を意識させる。 ★わかった事実的知識や意味を互いに比較・分類・関連・総合できるように指導する。 《関係図で用いる記号》 →　原因と結果，時の流れ ⇔　反対　　　─　関係がある
まとめる	③ 25分	【個別】→【全体】 ○学習問題に対する自分の考えを書く。 学習問題に対する自分の考え 　黒船が来たことがきっかけで，日本は開国した。開国により，人々の生活が洋風化した。武士たちが立ち上がり，様々な改革で強い国づくりが進められ，産業や文化が発展した。また欧米の考え方が人々に広まった。つまり明治維新によって人々の生活や政治の仕組みが近代化し，今の日本の仕組みに近づいた。	★結んだ線やその理由，考えた意味に注目させ，まとめを書かせる。 ★文章にまとめることが難しい場合は，わかった事実→それは つまり どういう意味があるのか，という流れで書くように指導する。

⑶板書計画

○／○　明治の国づくり⑥

めあて

> 関係図をつくり，学習問題に対する自分の考えを書こう。

〈学習問題〉
> 明治の新しい日本をだれがどのようにつくっていったのだろう。

②江戸から明治へ	③政治や社会	④強い国づくり	⑤文明開化	
黒船が来て，日本は条約を結び，開国することになった。武力では勝てないと考えた武士が新しい政治の仕組みをつくろうとした。だから，江戸幕府を倒し，江戸幕府より強い政府が必要と考えた武士が新しい政府をつくろうとした。	明治政府は，廃藩置県，四民平等などの改革を行った。つまり，近代国家としての仕組みを整えた。	新しい政府の中心となった大久保利通は，強い国づくりを進めて，欧米諸国に追いつくために，殖産興業，富国強兵，地租改正などの改革を行った。つまり，いろいろな改革を行い，欧米に負けない強い日本をつくろうとした。	開国したことで，日本の生活は洋風化した。福沢諭吉は，欧米の文化や考え方を広めたり，学問の大切さを説いたりした。つまり人々に欧米の文化が広まった。このことを文明開化という。	関係図作成のルール① 関係図作成のルール②

\　実践者からのメッセージ　/

学習問題に正対したまとめ

「学習問題に対する自分の考え」には，毎時間のまとめを関連づけてわかる言葉と，それらを結びつけることで考えられる概念的知識を書きます。これが難しいと感じる児童もいますが，書き続けることで学習内容をよく理解できるようになる児童も多くいます。毎時間のまとめや「学習問題に対する自分の考え」の３つのポイントをあげます。

①学習問題づくりや調べたことを話し合う時間は，児童の言葉をつなげていく。それによって児童が主体的に考え，まとめで使う言葉が見えてくる。

②関係図を用いて，社会的事象の関連や意味を理解させる。一枚の紙にまとめられるので，包括的に考えることができる。

③文章を正しく組み立てる力を身につける指導をする。例えば，接続詞を正しく用いて文章を書くことは，理解を深めるために大切な技能である。

　授業者はまとめをぜひ自分で書いてみてください。教材研究が深まり，授業づくりにも役に立つはずです。

2　歴史

国際社会へ歩み出す日本

つかむ	第1時		
資料	工場の様子 （写真）	年表	鹿鳴館の舞踏会 （想像図）

学習問題
日本の立場は，世界の中でどのように変わっていったのだろう。人々の生活はどのように変わっていったのだろう。

予想			
F 1 新しいきまりがつくられたと思う。	F 2 2つの戦争があって，日本は強くなったのだと思う。	F 3 日本が力をつけて，立場が変わっていったと思う。	F 4 産業が発展して，人々の世の中への意識が高まったのだと思う。

調・考

	第2時	第3時	第4時	第5時
問い	《国会開設》 欧米から認められるために，どのように政治の仕組みを整えたのだろう。	《2つの戦争》 2つの戦争によって，日本の立場はどのように変わったのだろう。	《世界の中の立場》 世界の中で日本の立場はどのように変わったのだろう。	《産業の発展》 産業が発展し人々の生活や考え方はどのように変わったのだろう。
資料	・大日本帝国憲法（文書） ・選挙の様子（絵）	・製造工程（写真） ・工場の人の話（文）	・日米修好通商条約 　（文書） ・野口英世（肖像画） ・小村寿太郎（肖像画）	・八幡製鉄所（写真） ・富岡製糸場（写真） ・衆議院議員の選挙権 　（文書）
まとめ	A 4 欧米に認めてもらうために，伊藤博文が中心となって大日本帝国憲法がつくられ，国会の開設を目指した。武力ではなく言論で主張する世の中となった。板垣退助や大隈重信らが政党をつくって政治を進めた。つまり，憲法を発布したり，国会を開いたりして国際的な近代国家となった。	A 1 日本と清は朝鮮の支配をめぐって対立し，日清戦争となった。さらに，日本とロシアは満州と朝鮮の支配をめぐって対立し，日露戦争となった。2つの戦争に勝利した日本は，賠償金や植民地を得ることができた。つまり，戦争に勝利したことで，日本の地位向上につながった。	A 2 幕末に幕府が結んだ不平等条約を，陸奥宗光や小村寿太郎が改正に尽力した。領事裁判権をなくすことに成功した。科学の分野では世界に認められる学者が出てきた。つまり，国際的地位が向上した。	A 3 重工業が発達した。しかし，公害問題など社会問題が起き，人々の社会への意識が高まった。選挙権や女性の地位向上など，様々な運動が起こった。つまり，産業の発展により，人々の生活に変化が起きた。様々な社会問題が起き，人々の民主主義への意識が高まった。

まとめる

	第6時
自分の考え	武力から言論で主張する世の中に変わり，国会や憲法など新しい政治の仕組みができた。日清・日露戦争に勝利を収め，多額の賠償金や植民地を得た。講和条約を結ぶことによって国の安全を確保することにつながった。不平等条約の改正に成功し，欧米と対等な関係をもつことができるようになった。さらに，産業が発展したことで，人々は民主主義への意識が高まった。医学や物理学などで活躍する学者が出てきた。つまり，国力が充実し，日本の国際的地位が向上した。

2 歴史

広がる戦争と人々の暮らし

つかむ	
資料	第1時

15年戦争の年表 （年表）	東京大空襲 （写真）	戦後と昭和初期のまちの様子 （写真）

学習問題
　日本はどのように戦争を進めていったのだろう。また，戦争によって日本の人々はどんな影響を受けたのだろう。

F 1 中国への支配を強めようとしたのだと思う。	F 2 アメリカとの戦争が始まったと思う。	F 3 戦時中の人々の生活は苦しかったと思う。	F 4 被害が大きくなり，戦争が終わったのだと思う。

（予想）

調・考	

第2時	第3時	第4時	第5時
《中国との戦争》 中国との戦争はどのように進んでいったのだろう。	**《戦争の広がり》** アメリカとの戦争はどのように進んでいったのだろう。	**《戦時中の人々》** 戦時中，人々はどのような生活をしていたのだろう。	**《空襲や原爆》** 戦争によってどんな被害があったのだろう。
・15年戦争年表 ・日中戦争（地図） ・国連脱退（写真）	・15年戦争年表 ・太平洋戦争（地図）	・各種切符（写真） ・召集令状（写真） ・町の標語（写真） ・国家総動員法	・空襲の被害（写真） ・沖縄戦（写真，文） ・原爆（写真）
A 1 日本は不景気から満州事変を起こし，満州を占領した。世界には認められず，国際連盟を脱退した。中国軍と戦い始め，日中戦争となった。つまり，日本は戦争を始め，中国各地へ戦場を広めた。そして，世界から離れていった。	A 2 石油資源を求めて軍隊を進めた。アジア・太平洋地域を支配しようとし，連合国と戦った。つまり，日本は資源を得るためにアジア・太平洋地域に軍を進め，アメリカなどの連合国と対立し，太平洋戦争となった。	A 3 政府が切符を配って物を配給した。国の命令で兵隊に行った。子どもたちも親から離れて集団疎開するなど影響が出た。つまり，国民も戦争に協力し，戦争中心の考えや生活になった。国民全体が戦時体制になった。	A 4 全国に空襲が広がり，沖縄は戦場になった。広島・長崎に原爆が落とされた。この戦争によって多くの人々の命が奪われたり，建物が壊れたりするなどの大きな被害が出た。つまり，日本は多くの被害を受けた。そして，日本は降伏した。

問い／資料／まとめ

まとめる	
自分の考え	第6時

　日本は満州事変を起こし，国際連盟を脱退した。戦いを拡大させ，日中戦争へとなった。その後，連合国と対立し，アジア・太平洋地域へ戦争を広げた。戦時体制で人々は苦しい生活を送り，空襲などで大きな被害を受けた。各地で戦争による大きな被害を受けて，日本は降伏し，戦争が終わった。つまり，長く続いた戦争によって，日本も戦場となった国々に大きな被害をもたらした。日本は，戦争の悲惨さを忘れないように原爆ドームを残して，平和を願うようになった。

2　歴史

平和な日本

つかむ			
資料	**第1時** 戦争が終わった頃，東京オリンピックが開かれた頃，現在の新宿（写真）		1945年〜の出来事（年表）

学習問題
　戦後，日本はどのように変わっていったのだろう。

予想	F1 日本国憲法をつくり，戦争がない平和な国づくりを目指した。	F2 国際連合に加盟し，再び国際社会に復帰した。	F3 産業が発展して，国民の生活が豊かになった。	F4 オリンピックを開催するぐらい世界に認められた。

調・考	**第2時**	**第3時**	**第4時**	**第5時**
問い	《日本国憲法の制定》戦後，日本はどのような国づくりをしたのだろう。	《再び国際社会へ》日本は，どのように国際社会に復帰したのだろう。	《産業の発展》日本の産業は，どのように発展していったのだろう。	《オリ・パラ開催》オリ・パラが開かれ，日本はどのように発展していったのだろう。
資料	・戦後の改革（年表） ・日本国憲法（図） ・女性が投票権をもつ（写真） ・すみぬり教科書（写真）	・朝鮮戦争（写真） ・サンフランシスコ平和条約に調印（写真）	・三種の神器（写真） ・電化製品の普及（グラフ） ・集団就職（写真） ・四大公害病（表）	・東京オリンピック（写真） ・東海道新幹線開通（写真） ・高速道路（写真）
まとめ	A1 戦後，日本国憲法が制定され，男女平等，教育制度の改革など，様々な改革が進められた。つまり，戦後，平和で民主的な憲法が制定され，我が国は民主的で平和な国家として出発した。	A2 講和会議で平和条約を結び主権を回復した。また，国際連合への加盟が認められた。つまり，日本は，国際社会へ復帰した。	A3 国民の努力によって，工業が発展し電化製品が普及した。つまり，産業や経済が急速に発展し，国民生活が大きく向上した。	A4 スポーツの祭典としてアジアではじめて東京でオリンピックが行われた。その後，札幌や長野でもオリンピックが行われた。つまり，日本は，スポーツを通して世界平和に貢献してきた。

まとめる	**第6時**
自分の考え	戦後，日本は日本国憲法を制定し民主的な国として出発した。主権も回復し，国際連合に加盟し，国際社会へ復帰した。それは，東京でオリンピックを開催できたことからもわかる。また，国民が努力し続けることによって，産業も発展し，国民の生活がとても豊かになった。つまり，国民の生活は向上し，世界の平和に貢献するようになった。

深める　歴史を学んで，現在及び将来の発展【2時間】

3　世界と日本

世界の未来と日本の役割

つかむ	第1時	世界で活躍する医師 （写真）	アフガニスタンの干ばつの前と後 （写真）	国際協力の様子 （写真）

資料

学習問題
　日本は，世界の様々な課題解決のためにどのような活動をしているのだろうか。

予想

F1 国がかかわって，支援活動をしていると思う。	F2 お金の援助をしていると思う。	F3 国やNGOが協力して活動していると思う。	F4 ボランティアや企業も，支援活動をしていると思う。

調・考

第2時	第3時	第4時	第5時
《国際連合》	《ユニセフ》	《環境問題への取組》	《ODA》

問い

国際連合は，どのような活動をしているのだろう。	ユニセフは，どのような活動をしているのだろう。	世界の人々は，地球環境を守るために，どのような活動をしているのだろう。	青年海外協力隊は，どのような活動をしているのだろう。

資料

・国連総会の様子（写真） ・国連の活動費用の負担割合（図） ・国連事務総長の話	・命のメジャー（写真） ・ユニセフ手帳（写真） ・ユニセフの日本支援の様子（写真）	・海面上昇（写真） ・大気汚染（写真） ・ESDへの取組（文章） ・環境省の人の話	・青年海外協力隊が活躍している地域（図） ・青年海外協力隊経験者の話 ・オリンピック開会式（写真） ・文化交流使の活動（写真）

まとめ

A1 国際連合は，世界各国の政府や団体と協力して，戦争・紛争を解決したり防いだりする活動を行っている。そして，日本は，多くの活動費を負担したり，核廃絶を訴えたりして，国連の一員として，世界平和のために協力している。	A2 ユニセフは，子どもたちの命や権利を守るために，世界中の人々に募金を呼びかけ，子どもたちのために使っている。そして，日本は，全国の小・中学校で，募金を集め，ユニセフの活動を支援している。	A3 世界の人々は，地球が抱える多くの環境問題に協力して取り組み，環境保全に努めている。日本各地では，ESDに取り組んでいる。そして，日本は，NGOや現地の人々と協力して環境保全に協力しているほか，ESDにも力を入れている。	A4 青年海外協力隊は，それぞれの技術を使い，困っている国の人々の生活環境をよくする取組を行っている。そして，日本は，JICAを通して，ODAを行い，技術や資金で支援している。

まとめる

第6時
日本は，世界平和のために国際連合やユニセフにおいて，資金面で支援を行っているほか，世界の国々の生活環境をよくするためにODAを行っている。また，世界の環境を守るために，国連，各国，NGOと協力して取組をしている。つまり，日本は，世界の課題解決のために，資金や技術面で支援したり，世界の人々と協力したりして，国際社会で重要な役割を果たしている。

自分の考え

選択・判断　世界の課題と私たちのかかわり【1時間】

【執筆者一覧】

名取　　慶（東京都世田谷区立烏山北小学校）

野口　妙子（東京都中野区立上鷺宮小学校）

柿沼　志保（東京都江東区立第二辰巳小学校）

金子　　剛（東京都大田区立東六郷小学校）

田中美智子（東京都板橋区立志村小学校）

大口　高史（東京都品川区立中延小学校）

飯塚　将史（東京都練馬区立旭丘小学校）

【著者紹介】
社会科授業デザイン研究会
（しゃかいかじゅぎょうでざいんけんきゅうかい）

単元構想が1枚で隈なくわかる
小学校新学習指導要領　社会科の授業デザイン図

2020年2月初版第1刷刊　©著　者　社会科授業デザイン研究会
　　　　　　　　　　　　　発行者　藤　原　光　政
　　　　　　　　　　　　　発行所　明治図書出版株式会社
　　　　　　　　　　　　　　　　　http://www.meijitosho.co.jp
　　　　　　　　　　　　　（企画）矢口郁雄　（校正）大内奈々子
　　　　　　　　　　　　　〒114-0023　東京都北区滝野川7-46-1
　　　　　　　　　　　　　振替00160-5-151318　電話03(5907)6701
　　　　　　　　　　　　　ご注文窓口　電話03(5907)6668
＊検印省略　　　　　　　組版所　株　式　会　社　カ　シ　ヨ

Printed in Japan　　　　　　ISBN978-4-18-326916-4
もれなくクーポンがもらえる！読者アンケートはこちらから　→

パッと
わかる

サッと
使える

学級，授業づくりが楽しくなるアイデア満載！

静岡教育サークル「シリウス」編著

明治図書　携帯・スマートフォンからは　**明治図書 ONLINE へ**　書籍の検索、注文ができます。　▶▶▶
http://www.meijitosho.co.jp　＊併記 4 桁の図書番号でHP、携帯での検索・注文が簡単にできます。
〒114-0023　東京都北区滝野川 7-46-1　ご注文窓口　TEL 03-5907-6668　FAX 050-3156-2790